# L'art d'apaiser son enfant

DU MÊME AUTEUR
AUX ÉDITIONS PAYOT

*Venir au monde. Les rites de l'enfantement sur les cinq continents*

*Comment améliorer son destin. Neuf clés pour mieux vivre sa vie*

*Se libérer par l'hypnose*

Lise Bartoli

# L'art d'apaiser son enfant

## pour qu'il retrouve force et confiance en lui

PAYOT

Retrouvez l'ensemble des parutions
des Éditions Payot & Rivages sur

www.payot-rivages.fr


106, boulevard Saint-Germain, 75006 Paris

*À Mélina et Adrien,*
*qui m'ont choisie comme mère*
*et qui m'enseignent tant.*

# INTRODUCTION

# Retrouver notre intuition parentale

Lorsque notre enfant est malade, nous prenons rendez-vous chez le médecin. Lorsqu'il est perturbé par une angoisse ou un mal-être, nous avons tendance à l'emmener « voir un psy ». Pour qu'il nous aide à résoudre ce problème, comme on guérit une maladie. C'est une bonne idée lorsqu'il s'agit d'un problème majeur ou chronique. Toutefois nombre de troubles démarrent par des petits signaux que l'enfant adresse à ses parents et auxquels ils peuvent apporter une réponse apaisante.

Quand l'enfant ressent un mal-être, même s'il n'en est pas conscient, c'est un clignotant qu'il émet pour signifier qu'il a besoin d'exprimer quelque chose à ses parents. Si ce signal grandit et prend trop de place, ils s'inquiètent et souvent se sentent impuissants. C'est naturel.

Cependant, il est important de savoir que nombre d'autres enfants ont des symptômes semblables et que c'est passager. C'est souvent en dédramatisant la situation que les parents reprennent confiance dans leur savoir-faire parental, et peuvent aider plus activement leur fils ou leur fille à surmonter leur trouble. Les parents jouent un rôle primordial dans l'équilibre psychique et émotionnel de leurs enfants.

## COMMUNIQUER AUTREMENT

Plusieurs outils sont mis ici à votre disposition pour vous aider à retrouver toute votre compétence de parents. Vous allez pouvoir agir concrètement pour apaiser votre enfant. Vous allez l'aider à grandir tout en grandissant vous-mêmes. Prendre du recul, évoluer ensemble au fil de vos découvertes. Être parent est l'un des métiers les plus difficiles, a dit Freud. Cet ouvrage se veut un soutien pour vous épauler et vous aider à transformer certains moments délicats en un échange à la fois plus léger et plus constructif...

Je souhaite vous montrer que vous pouvez écouter autrement votre enfant. Au fil des pages de ce livre, vous apprendrez ou réapprendrez à communiquer non plus uniquement consciemment, mais grâce à une écoute intuitive qui vous aidera à résoudre ensemble son problème ou à soulager son malaise.

## LES PARENTS AUX PREMIÈRES LOGES

Les parents sont les mieux placés, ils connaissent le passé de l'enfant et sont en mesure de repérer le début des symptômes lorsqu'un mal-être surgit. Ils connaissent aussi l'histoire de la famille. Dans cette constellation familiale, il y a peut-être déjà eu des symptômes semblables ? Chez le père ? La mère ? Les grands-parents ? Il est intéressant d'interroger le passé de ses ancêtres car il arrive que l'enfant « imite » inconsciemment tel ou tel de son ascendance. Pour s'en délier, il interpelle par son comportement. En effet, par son trouble ou sa douleur, l'enfant montre bien souvent qu'il est temps de se détacher d'un dysfonctionnement familial.

## LES ENFANTS ONT DES ANTENNES

Les enfants, à travers les problèmes ou la souffrance qu'ils expriment, nous guident bien souvent vers la solution. On dit fort justement que les enfants ont des « antennes » ou qu'ils sont des

« éponges ». Il est vrai qu'ils ressentent les émotions de leur entourage et repèrent inconsciemment tout ce qui encombre le chemin familial. Dans notre société, il est admis que l'adulte détient le savoir et que l'enfant doit apprendre de lui. Nous oublions que nous aurions pourtant tout intérêt à rester à l'écoute de ce que l'enfant peut nous enseigner. Car lui reste, jusqu'à l'adolescence, particulièrement connecté à sa part instinctive. Contrairement aux grands qui mettent de côté leur intuition au profit de leur compétence analytique.

## JOUER SUR LE TERRAIN DE L'INCONSCIENT

N'attendez pas que votre enfant vous explique le pourquoi de ce qui le perturbe. Il est le plus souvent incapable de donner une raison logique à son attitude inconsciente. Ainsi, tenter de lui extirper des réponses sur son comportement (« Pourquoi t'es-tu encore battu à la récré ? », « Pourquoi es-tu si timide depuis quelque temps ? ») ne ferait que renforcer son mal-être.

Lui donner votre avis et le raisonner est tout à fait profitable (« Si cet enfant se moque encore de toi, ne t'énerve plus. Joue plutôt avec les autres copains, ceux avec qui tu t'amuses bien. Et réfléchis, s'il est en colère, peut-être est-ce parce qu'il se sent malheureux dans sa vie, et cela n'a rien à voir avec toi). Pourtant les conseils ne suffisent pas toujours. Même lorsque l'enfant veut changer un de ses comportements, il n'y parvient pas toujours vraiment. Et cela risque d'affaiblir d'autant sa confiance en lui.

Pour obtenir un réel impact sur son comportement, il faut souvent aller sur le terrain de son inconscient. C'est plus direct, plus ludique et plus efficace ! Voilà pourquoi les différents outils de ce livre s'adressent directement à la part créative de l'enfant, celle qui détient la formidable capacité de transformation positive. Le parent qui accompagne l'enfant peut également profiter de cette écoute subtile et retrouver tout son pouvoir imaginaire, ce qui renforcera sa complicité avec son petit ou grand enfant.

## COMMENT UTILISER CE LIVRE

# Vos outils pour apaiser votre enfant

La deuxième partie de ce livre traite les 10 problèmes les plus courants chez l'enfant de 4 à 12 ans. Plusieurs outils de résolution sont proposés pour chaque cas. Si les deux premières rubriques apportent des explications et des conseils, les deux suivantes s'adressent particulièrement à l'imaginaire de l'enfant par le biais d'exercices de visualisations et de contes. L'impact sur l'inconscient du petit étant plus efficace quand il est relâché, je vous propose une méthode de relaxation simple et efficace qui vous servira pour tous les exercices de ce livre. Vous, comme votre enfant, pourrez en bénéficier… Et l'utiliser à d'autres moments de votre vie, tout simplement quand vous ressentirez le besoin de vous détendre !

## Comprendre ce qui lui arrive

Cette partie détaille les symptômes les plus représentatifs de la difficulté de l'enfant ainsi que les causes possibles d'apparition de ces manifestations. Ce qui permet d'obtenir des pistes d'explications concrètes.

### EST-CE NORMAL ?

Les parents qui viennent me consulter avec leur petit sont souvent désorientés. Ils ont besoin de savoir, par exemple, ce qui s'est passé pour que leur enfant ait si peur la nuit : « Tout allait bien jusqu'à l'année dernière, on ne comprend pas, et il ne sait pas de quoi il a peur. On a tout essayé, rien n'y fait, on ne sait plus quoi faire ! » Ou pourquoi tout d'un coup leur enfant, si gentil, est devenu un vrai tyran. Ou bien ils se questionnent sur son manque de confiance en soi : son frère est beaucoup plus sûr de lui, alors pourquoi pas lui ? Qu'a-t-il pu lui arriver ? etc.

Le fait de mieux comprendre et de savoir que certaines attitudes sont fréquentes, « normales », apaise déjà les parents.

PARENT DÉCULPABILISÉ, ENFANT APAISÉ

Amorcer les réponses aux questionnements tranquillise également. On le sait, certains thérapeutes suivent des enfants pendant des mois, voire des années sans délivrer aucune explication. Je me suis aperçue que cette méthode était très mal vécue par les parents qui se creusent la tête pour savoir ce que pourrait leur reprocher le thérapeute, ce qu'ils ont bien pu faire de mal à un moment dans l'éducation de leur petit. Je préfère donner quelques éléments de réponse tout en déculpabilisant les parents. Cela permet d'apaiser l'atmosphère, ce qui est profitable pour toute la famille !

## Mes conseils

Cette partie rassemble l'essentiel des attitudes à adopter face aux différents problèmes que peut vivre votre enfant. Il est bon de les connaître pour se sentir plus tranquille. Cela permet de savoir quoi faire, quoi dire, les réactions à éviter aussi, lorsque les signaux de mal-être sont détectés.

C'est l'amorce d'un travail d'apaisement, qui suffit parfois à restaurer la tranquillité familiale. Dans ma pratique, j'ai remarqué que les parents, regonflés par les conseils, arrêtent de culpabiliser ou d'angoisser. Au lieu de douter de leurs solutions, ils lâchent prise. Ils reprennent confiance en eux pour installer un climat permettant à chacun de communiquer plus aisément. Et finalement il arrive que le problème disparaisse avant même le début de la thérapie, l'enfant étant libéré du poids de l'anxiété de ses parents.

Cette rubrique donne, pour chaque situation, des conseils pragmatiques, simples et clairs. De nombreuses astuces vous sont proposées pour faire passer des messages positifs de changement à votre enfant.

## Ses exercices de visualisation

La « visualisation » est un exercice ludique pour les enfants de n'importe quel âge. Son immense avantage est d'être à la fois simple et amusant tout en suggérant une transformation puissante au niveau inconscient. Il consiste à imaginer un changement dans sa tête en s'aidant d'images mentales positives. Par exemple, l'enfant peut s'exercer à visualiser une couleur qui le calmera intérieurement à chaque fois qu'il sera énervé. Un bouillonnement intérieur peut ainsi être changé en une « couleur qui calme ». Ou bien l'enfant réservé peut imaginer qu'il serre dans sa main une pierre qui lui redonnera à chaque fois un peu plus confiance en lui. Sa timidité sera vaincue par « sa pierre de confiance ».

### COMME UN JEU...

Les enfants adorent ce type de technique qui fait appel à leur imaginaire. Cela ressemble à un jeu, comme un tour de magie. Ils prennent généralement beaucoup de plaisir à le pratiquer et comprennent aussi très vite l'intérêt de faire appel à cet outil à d'autres moments de leur vie.

### ... MAIS AUSSI UN VRAI TRAVAIL INTÉRIEUR

Ce petit jeu est source, « l'air de rien », de grands retentissements intérieurs. Tout d'abord, c'est une technique pour entrer en communication avec son inconscient. Le langage inconscient, en effet, est constitué d'images mentales et de symboles.

Ensuite, la visualisation permet de véhiculer un message positif à l'inconscient, un message qui portera la résolution du problème. C'est l'inconscient qui va enregistrer les modifications salutaires pour aller mieux. Ainsi, par exemple, lorsque l'enfant visualise le monstre qui lui fait peur la nuit, en un être ridicule, drôle ou minuscule, ce qui signifie « ce monstre est inoffensif, pas besoin d'en avoir peur ».

### L'ENFANT ACTEUR DE SON CHANGEMENT

Autre effet bénéfique de cet exercice : l'enfant découvre qu'il a un impact direct sur sa vie. Il apprend qu'il peut contrôler lui-même son état émotionnel et ses peurs, ce qui renforce son estime de soi et l'encourage à activer de nouvelles solutions pour d'autres peurs.

### MIEUX CONNAÎTRE SON MONDE INTÉRIEUR ET SES CODES

Enfin, grâce à ce moment de visualisation, vous avez la possibilité de mieux comprendre son monde intérieur puisque pour réaliser cet exercice il doit faire appel à ses codes inconscients. Il aura sa manière de faire à lui. Sûrement différente de la vôtre. Ou de celle d'un autre de vos enfants. À chacun ses perceptions. Certains enfants vont « voir » clairement, d'autres vont ressentir plus que voir.

Être en connexion avec le niveau inconscient induit forcément un état spécifique pour « changer » d'état de conscience. Il n'y a pas une bonne façon d'être en « état modifié de conscience ». À chacun de le ressentir à *sa* façon… C'est en fait un état de lâcher prise très naturel, que l'on connaît plusieurs fois par jour sans le savoir (par exemple, lorsque l'on est plongé dans un bon livre ou bien captivé par un film, et qu'on ne s'aperçoit pas que quelqu'un est entré dans la pièce)…

Tout ce que l'enfant avait du mal à dire consciemment peut être révélé. Sous forme de symboles. C'est intéressant pour lui – il va mieux se connaître – mais pour vous aussi car vous aurez accès à certains de ses codes.

Attention toutefois à ne pas le presser de questions ou chercher à savoir à tout prix ce qu'il est en train d'imaginer lors de ses exercices. C'est son monde à lui. Ne soyez pas non plus dirigiste : « Tu devrais réduire le monstre », « tu devrais le peindre en rose », etc.). Faites confiance à l'inconscient de votre enfant. Cette partie de lui le guide au mieux, c'est bien elle qui doit lui souffler les solutions, pas vous…

## Les contes métaphoriques

Bien entendu, vous avez déjà lu des contes à votre enfant, et, on ne le sait pas toujours, les contes classiques, tels ceux de notre enfance, sont très utiles au développement psychique. Quelle différence avec ceux de cet ouvrage ? Les histoires proposées ici sont tout particulièrement axées sur le problème rencontré par votre enfant. Elles vont avoir un impact sur son inconscient qui va enregistrer la solution positive sans même que l'enfant s'en rende compte.

Chaque conte doit être lu pendant que votre petit rêvasse à côté de vous... Il est nécessaire d'installer un climat d'apaisement pour que votre enfant change tout naturellement d'état de conscience. Entre l'éveil et le sommeil, cet état transitoire est propice à une autre écoute, plus subtile. En effet, dans ces moments-là, l'inconscient de l'enfant est ouvert aux solutions délivrées par l'histoire et réglera lui-même le dysfonctionnement sans que besoin soit d'analyser.

Vous verrez, cela vient très naturellement, les enfants se relâchent sans effort. Si vous le souhaitez, une petite séance de relaxation vous est proposée, toutes étapes détaillées, pages 46-49, adaptée à votre enfant et vous.

Les contes de ce livre ont été créés dans cet état qui permet plus d'intuition et aide à accéder au langage inconscient. C'est ainsi que l'on capte le mieux les codes propres à chacun, mais également les codes universels, ceux par lesquels nous sommes tous habités intérieurement sans savoir d'où ils proviennent, ni même parfois qu'ils existent !

Rien ne sera plus puissant qu'un conte approprié à l'être unique qu'est votre enfant. C'est ce que vous apprendrez à réaliser dans le dernier chapitre de cet ouvrage. Cependant, les contes que je vous propose, adaptés à des problèmes, font appel à un langage inconscient commun qui permet d'opérer un changement véritablement positif pour celui qui écoute.

Laissez-vous guider, vous verrez, c'est très simple et vous prendrez plaisir à ce moment de détente avec votre enfant.

Si votre enfant approche de l'adolescence, il est possible qu'il soit moins sensible à l'écoute d'un conte. N'insistez pas dans ce cas et utilisez les autres rubriques de ce livre, qui sont utilisables sans limite d'âge.

## Créez à votre tour, en toute situation, un conte unique pour votre enfant

La dernière partie de cet ouvrage est consacrée à la création de vos propres contes. Je vous guiderai tout au long de la fabrication d'une histoire.

## VOUS LE FAITES DÉJÀ... SANS LE SAVOIR

Vous verrez, c'est très simple. Ne pensez pas que vous manquez d'imagination ou d'intuition. Tout le monde peut faire ! D'ailleurs, bon nombre de parents inventent intuitivement des histoires à leurs bambins le soir avant d'aller se coucher. Sans se poser la question de savoir s'ils savent le faire ou pas ! Dans notre cas, il suffit juste de suivre quelques règles simples pour construire un récit qui contienne la solution adaptée à votre petit.

## LES IDÉES LES PLUS SIMPLES SONT LES PLUS EFFICACES

Vous pourrez ainsi faire un conte « sur mesure » incluant les codes de votre enfant (tout ce qu'il a connu, intégré depuis qu'il est bébé, mais aussi toutes ses ressources, ses capacités à aller mieux). Ce n'est ni un concours du plus beau texte lyrique, ni une analyse détaillée, décortiquée des problèmes de l'enfant. Non. Bien au contraire, il s'agit de lâcher prise et de laisser votre cœur parler. D'ailleurs les mots et les idées les plus simples sont souvent ceux et celles qui ont le plus d'impact au niveau inconscient.

Laissez-vous surprendre par les images et les mots qui vous viennent à l'esprit. Si vous l'appréhendiez, vous réaliserez que créer des contes est une activité finalement captivante. Elle vous guidera vers plus d'intuition.

De plus, les enfants adorent qu'on invente un conte rien que pour eux. Ils se sentent valorisés par l'attention de leur parent et reçoivent cette histoire comme un cadeau du cœur.

# PREMIÈRE PARTIE

# Retrouver en soi « la partie-qui-sait-tout »

Dans notre vie, nous imaginons être libres de nos choix de pensée et d'action. C'est le fameux libre arbitre. Beaucoup pensent ainsi être maîtres de leur vie et qu'il suffit de bonne volonté pour aller bien. C'est vrai en partie, tant que la vie poursuit son cours avec une certaine fluidité. C'est lorsqu'un grain de sable vient enrayer cette belle mécanique que l'on accepte l'idée d'une instance autre qui nous imposerait des tensions, des schémas répétitifs ou des douleurs psychosomatiques. Histoire de nous réveiller et nous contraindre à changer.

Ce sont, en effet, des signaux qui nous montrent le chemin. Quand on veut bien les voir. Quelle aide précieuse ! De plus, notre univers intérieur détient des richesses insoupçonnées qui, si on les réveille, nous apportent les solutions adaptées pour évoluer.

# 1

# « Ce serait bien de régler ce problème maintenant »

Sur notre chemin, ce sont donc bien souvent les ravins, les éboulements de pierre ou les tempêtes qui nous obligent à prendre une autre route. Il est toujours préférable de s'arrêter dès qu'un mal-être surgit et de s'interroger sur ce qui se passe.

Ce qui est vrai pour les adultes l'est aussi pour les enfants. L'enfant capte tout autour de lui : les désirs étouffés, les non-dits, les frustrations, les colères rentrées, tout cet héritage qui vient de vous et de plus loin encore, de ses grands-parents, de ses ancêtres… Il n'en est pas conscient, bien entendu. Mais il détient toutes les informations de cette transmission. Doit-il les garder, quitte à les répéter ? Ou bien s'en délivrer ? Tout en éclairant une partie de votre histoire.

Au-delà de l'aide à apporter, il est toujours intéressant de s'interroger sur le mal-être de son enfant, car il nous pousse aussi à réajuster quelque chose de bancal dans la famille.

### L'INCOMPRÉHENSIBLE DEVIENT LUMINEUX

Il m'arrive souvent de questionner les parents sur les symptômes qu'ils ont pu avoir en commun avec leur enfant par le passé. Il est assez surprenant de percevoir des schémas semblables, datant parfois de l'âge qu'a justement l'enfant pour qui l'on vient me voir.

Je me rappelle, par exemple, ce petit garçon de 4 ans, que je reçus en PMI. La maternelle l'avait renvoyé parce qu'il pleurait trop en classe et dérangeait les autres enfants. Nous sommes à la mi-octobre et le petit n'a eu de cesse de pleurer depuis la rentrée. Les parents, d'origine serbe et installés depuis peu en France, insistent pour qu'il continue d'aller à l'école, notamment parce que tous deux ont un travail. Depuis que la maternelle refuse de l'accueillir, sa mère a dû s'arrêter et elle risque de perdre sa place.

Cherchant à comprendre d'où peut provenir la souffrance du petit et voyant le sentiment d'impuissance des parents, je me demande si elle ne fait pas écho à une souffrance ancienne de l'un d'eux. Ma question les surprend tout d'abord (les parents croient souvent que le problème vient uniquement de l'enfant). Mais rapidement sa mère éclate en sanglots : « Quand j'ai eu 4 ans, ma mère est partie travailler loin de chez nous et je ne l'ai revue par la suite que l'été. » Je me tourne vers le père : « Moi, mon père est mort quand j'avais 4 ans. » Au même âge que leur enfant, deux histoires de séparation s'étaient télescopées… Les parents n'avaient pas fait le rapprochement. Ils n'en avaient pas parlé à leur fils.

Mais l'inconscient de l'enfant, qui hérite des informations de chacun, réveille les histoires émotionnellement non résolues.

### L'ENFANT, PORTEUR DE MESSAGES

Tandis que je parle avec ses parents, le petit dessine des poissons sur une feuille, qu'il m'apporte. Il ne parle pas français, c'est donc son moyen de me communiquer quelque chose que je pressens important. Je dis à l'enfant que ses poissons sont beaux – ses parents traduisent pour moi –, qu'il les dessine bien et qu'il veut sans doute me dire quelque chose mais que pour l'instant je ne sais pas quoi. Je lui demande s'il souhaite ajouter quelque chose. Il répond négativement, mais serre sa peluche contre lui. Cette peluche, c'est le petit poisson Nemo, du film Disney, sorti l'année précédente. Les parents me signalent qu'il l'a en DVD et qu'il le regarde sans arrêt. Je m'intéresse aux nouveaux dessins animés car ils nourrissent considérablement l'imaginaire des enfants. Alors, connaissant l'histoire de Nemo (un poisson qui perd sa maman dès sa naissance), je fais le lien avec la séparation mal vécue.

Me mettant à sa hauteur, je lui demande : « Et qu'est-il arrivé à Nemo ? » À ce moment-là, les deux parents me font de grands signes inquiets. Je donne de nouveaux jeux au petit pour l'éloigner et pouvoir parler avec ses parents en aparté. Ils me confient que leur fils n'a jamais vu le début du dessin animé, « trop dur pour son âge ». Ils commencent toujours le film après la mort de la maman poisson.

Ce comportement témoigne de la douleur qui a été la leur quand ils ont perdu leur parent (réellement pour le papa, onze mois chaque année pour la maman). Ils ne veulent pas que leur petit vive pareille souffrance. Alors ils « zappent » tout le début de l'histoire. Sans réaliser qu'elle perd ainsi de sa logique, mais aussi de son intérêt. Je leur explique que la force de ce dessin animé tient justement à ce début. Car l'enfant comprend que, même quand on perd un être cher, on peut développer des ressources incroyables, parfois même plus que les autres (Nemo sauve tout le monde dans le film).

Après avoir vu le film en entier et être revenu à deux autres séances, l'enfant fut prêt à réintégrer la maternelle sans angoisse.

Cette histoire met l'accent sur deux évidences majeures :

– l'enfant est porteur des informations inconscientes de ses ascendants (parents, grands-parents, arrière-grands-parents) ;

– lorsque les douleurs anciennes sont passées sous silence, elles resurgissent dans le réel de l'enfant comme pour dire : « Ce serait bien de régler ce problème maintenant. » C'est en cela que l'enfant, sans le savoir, enseigne à ses parents ce qu'ils ont évité de voir pendant un temps.

Il serait naïf d'imaginer que les histoires anciennes sont une bonne fois pour toutes enterrées « parce qu'elles datent ». Le temps n'existe pas pour l'inconscient ! Ce qui s'est passé il y a 10, 30, 50 ou 100 ans a autant d'impact que ce qui s'est passé une heure plus tôt. Nous avons une mémoire très vive des émotions passées, qu'elles appartiennent à notre histoire ou à celle de notre famille.

# 2

# Faire confiance à sa « partie-qui-sait-tout »

Le postulat de base du changement qui va s'opérer est que l'inconscient de votre enfant détient tous les codes qui le concernent, et bien plus encore.

## L'ENFANT DÉTIENT SES SOLUTIONS

On l'a vu, l'enfant conserve intérieurement l'empreinte de ce qu'il a vécu depuis qu'il est bébé. Ses ressentis, son langage intérieur, ses informations familiales, etc. Mais il détient également, et ceci nous intéresse grandement d'un point de vue thérapeutique, une kyrielle de solutions totalement adaptées à ce qui est bon pour lui. Toutes ces solutions sont disponibles, tout le temps, même si elles sont oubliées au niveau conscient.

## ACCEPTER D'ÊTRE RICHE INTÉRIEUREMENT

J'utilise souvent avec mes patients la métaphore des ustensiles de cuisine pour traduire la richesse de l'inconscient. Imaginez l'inconscient comme une grande cuisine dotée de multiples placards remplis d'ustensiles modernes pour faire de bonnes recettes simplement et sans effort. Certains ustensiles sont sur le plan de travail : ce sont ceux qu'on utilise tout le temps. Mais l'on oublie ceux qui se trouvent dans nos placards. On se dit que c'est usant de presser les oranges avec le même presse-citron depuis des années. On pense même que les autres, ceux qui ont de superrobots ménagers, ont bien plus de chance que nous.

Notre travail va donc consister, tout simplement, à demander à notre inconscient d'ouvrir les placards pour que nous y piochions enfin les ustensiles qui y sont rangés… Nous allons découvrir ainsi toutes nos richesses !

## UNE ALLIÉE : LA « PARTIE-QUI-SAIT-TOUT »

Le mot « inconscient » est un peu compliqué pour les enfants. Je ne l'utilise jamais. Je préfère cette paraphrase : la « partie-qui-sait-tout ». Une force qu'il détient en lui et dont il peut se servir. Grâce aux visualisations et aux métaphores du conte, cette part de lui va activer le bon ustensile (la bonne solution) pour modifier ce qui le dérange (un comportement, un tic, une mauvaise habitude, une émotion douloureuse, une peur…).

# 3

# Un langage simple et imagé

La métaphore nous permet de parler de ce qui ne va pas, sans le nommer vraiment. L'analogie est aussi utile pour faire passer un message. Dès 4 ans, l'enfant est prêt à les comprendre psychiquement. Il les intègre encore plus aisément à partir de 5 ans. Car le processus est plus complexe qu'il n'y paraît.

Par exemple, quand je dis « l'homme est un loup pour l'homme », pour pouvoir capter le message qui lui est transmis, l'enfant doit avoir déjà emmagasiné inconsciemment un défaut qui représente le loup (la cruauté). L'allégorie, en faisant appel à toute la réserve visuelle et symbolique, marque plus l'esprit que la simple comparaison « les hommes se comportent comme des loups car ils sont violents entre eux. »

Cette pensée analogique nous intéresse tout particulièrement d'un point de vue thérapeutique, parce qu'elle parle à notre esprit inconscient dont le langage est justement métaphorique et imagé. C'est un pont entre le cerveau gauche (langage, pensée rationnelle et analytique) et le cerveau droit (l'imagination, l'intuition, la pensée analogique).

### COMMUNIQUER SUR QUELQUE CHOSE EN PARLANT D'AUTRE CHOSE

Voilà le but du conte métaphorique. Le sens caché va résonner avec plus de puissance car il va être compris par l'inconscient. Le fait d'aborder une problématique par le biais d'une métaphore a l'immense avantage de déjouer les mécanismes de défense de l'enfant : on endort sa « vigilance » et on obtient son adhésion inconsciente. Cela permet de « travailler » son symptôme sans le blesser ou le mettre mal à l'aise. Une fois le seuil de vigilance abaissé, l'inconscient est à l'œuvre pour comprendre le message et trouver la solution adaptée.

Lorsque je crée un conte pour un enfant, il est extrêmement rare qu'il fasse le lien avec sa problématique. Il prend l'histoire au premier degré sans analyser ni se poser de questions. Voilà pourquoi l'histoire métaphorique a autant d'impact sur les enfants.

À l'inverse, les adultes cherchent à connaître les raisonnements qui soutiennent le conte. Ce besoin d'analyser affaiblit le message adressé à leur partie inconsciente.

# 4

# Lâcher prise et s'ouvrir aux changements

## CHANGER D'ÉTAT DE CONSCIENCE

Le changement intérieur que l'on désire obtenir va de pair avec un changement d'état de conscience. De l'état de conscience ordinaire, on passe à l'état amplifié de conscience, ce niveau intermédiaire entre veille et sommeil. On l'a vu, c'est grâce à cet état amplifié de conscience que le mental s'apaise, pour laisser la place au pouvoir de l'inconscient qui va s'occuper de tout.

## LE CHANGEMENT PHYSIOLOGIQUE

Le changement physiologique lié à la relaxation aide à changer d'état de conscience. Il est donc souhaitable de respecter un moment de détente avant les exercices de visualisation ou avant de lire le conte.

Les premières règles sont simples et évidentes : choisir un endroit au calme, parler doucement, sans changement brusque de voix. Parfois cela suffit. Les enfants ont cette formidable capacité de pouvoir se mettre facilement en état modifié de conscience. En l'observant du coin de l'œil, vous apprendrez à détecter ses signaux d'apaisement. Pour certains enfants, c'est rapide. Par la suite, vous saurez que vous n'avez pas besoin de suivre toutes les étapes de la relaxation.

Mais si vous désirez enseigner à votre petit une méthode pour se détendre plus facilement (ce qu'il pourra reproduire dans diverses occasions futures), voici une véritable séance de relaxation adaptée à vous deux.

PETITE SÉANCE DE RELAXATION

– Demandez à votre enfant de fermer les yeux et de ressentir sa respiration. Faites de même. Sans rien changer au départ à votre façon de respirer, juste en ressentant l'inspiration et l'expiration, ce qui vous permettra de vous détendre tous deux.

– Guidez-le ensuite vers une respiration plus abdominale : « Maintenant tu peux t'amuser à sentir que l'air peut aller jusque dans ton ventre. Comme ça tout ton corps peut mieux se reposer encore pour pouvoir écouter l'histoire que je vais te raconter (ou t'amuser au petit jeu de visualisation que je vais te proposer). C'est un peu comme si ton ventre était un ballon. Tu gonfles ton ventre ballon à chaque fois avec l'air que tu respires.

– Après quelques secondes, ajoutez que la respiration va continuer de même sans qu'il y pense, puisqu'il a la chance d'avoir une partie de lui qui sait tout et qui enregistre toujours ce qui est bon pour lui et que tout se fait naturellement, à son rythme, même quand il pense à autre chose. (C'est un message pour l'inconscient : comme l'enfant qui respire naturellement et à son rythme, l'inconscient peut défaire les dysfonctionnements à son rythme et même sans que l'enfant ait besoin d'y penser.)

– Profitez de ce moment pour vous détendre aussi (votre enfant ira sans doute plus vite que vous). Si vous avez le temps, vous pouvez lui raconter un moment de votre vie où vous étiez bien (en vacances sur la plage, en haut d'une montagne en train de contempler la vue, à la pêche, à lire, à rire entre amis, etc.). Les yeux fermés, décrivez la scène en la revivant avec tout ce qu'elle vous avait alors apporté de bonheur ou de sérénité.

– Puis demandez à votre petit de se rappeler le moment le plus agréable de sa journée ou d'un autre jour passé. S'il ne trouve pas, vous pouvez l'aiguiller sur un moment que vous savez qu'il a apprécié. S'il ne souhaite pas parler, n'insistez pas.

Changez de tactique : demandez-lui de vous raconter le dernier dessin animé ou le dernier livre qu'il a apprécié. En se replongeant dans cette histoire qu'il a aimée, il va automatiquement entrer en état modifié de conscience sans s'en apercevoir.

– Dès qu'il trouve un souvenir agréable, demandez-lui de décrire l'endroit (faisait-il chaud ? Froid ? Était-ce le matin ? Le soir ? Était-il seul ? Qui était à ses côtés ? Et pourquoi était-il content (ou fier, ou calme ou heureux selon le souvenir choisi). Vous pouvez de temps en temps lui dire : « Ça avait l'air drôlement bien ! C'est un bon souvenir ! » ou : « Je sens que tu as bien aimé ce film. » Ajoutez : « Et sans doute qu'il y en a plein d'autres et ta partie-qui-sait-tout se souvient de tout ce qui est bon pour toi. » Cette petite phrase, apparemment anodine, aiguille l'inconscient vers ce qui est bon pour l'enfant et éveille toutes ses capacités à être bien.

– En dehors de cette séance de relaxation, il est toujours profitable pour vous comme pour lui, de se remémorer ce qui est bon, histoire de positionner l'inconscient sur ce qui est positif. Toutefois s'il n'a pas envie de vous raconter son souvenir, n'insistez pas... Trop insister pourrait réactiver la notion de « devoir ». Restez dans le plaisir et la légèreté ! Il y aura d'autres soirs...

# 5

# « Dans le conte, le héros y arrive, pourquoi pas moi ? »

Depuis bien bien longtemps, les parents racontent ou lisent des histoires à leurs enfants… La forme magique des fictions est familière aux enfants qui voyagent facilement entre réel et imaginaire, hors du temps et de l'espace. De cette façon, « l'ici et maintenant » se superpose facilement à « l'ailleurs et avant ».

## « JE NE SUIS PLUS SEUL AVEC MON PROBLÈME »

Les contes mettent en mots les tensions vécues intérieurement par le petit. Ils sont chargés de significations fortes pour l'aider à traverser une épreuve, surmonter une peine, une angoisse. Ils témoignent que les tourments inattendus font partie intégrante de la vie et que le trouble ou la peine qu'il éprouve actuellement sont communs à d'autres. Et ce depuis la nuit des temps. Les contes classiques tels que *Le Petit Poucet*, *Les Trois Petits Cochons*, *Le Vilain Petit Canard*, etc., qui font appel aux métaphores sont thérapeutiques. C'est pour cela qu'ils ont traversé les époques et continuent d'aider les petits : ils vont réussir à vaincre leur peur ou leur douleur puisque d'autres y sont arrivés.

Puisque même les héros font face à l'adversité dans leur vie, ils se sentent moins seuls face à des difficultés : d'autres, en d'autres temps et ailleurs, ont été ou sont confrontés aux mêmes problèmes qu'eux. Cela les rassure.

## SURMONTER LE PROBLÈME PLUTÔT QUE LE FUIR

Plus encore, le conte enseigne à faire face aux troubles plutôt que de fuir les problèmes ou de s'apitoyer sur son sort. Car après les tourments rencontrés, le héros s'en sort. L'enfant pense inconsciemment : « Puisque le héros, dans une situation catastrophique y arrive, pourquoi pas moi ? » Il apprend ainsi, sans s'en rendre compte, à renforcer son estime de soi et augmente sa capacité à appréhender l'avenir de façon positive.

Les histoires proposées dans cet ouvrage reprennent certains codes du conte classique, tout en visant plus particulièrement une problématique spécifique à chaque fois.

Les diverses émotions de l'enfant sont personnifiées par différents personnages auxquels l'enfant va pouvoir s'identifier (la bonne fée, la marâtre, le justicier, la sœur jalouse, etc.) et selon la phase qu'il traverse dans sa vie. Ainsi un conte relu à quelques semaines ou quelques mois d'intervalles n'aura pas le même sens ni la même portée pour l'enfant.

# 6

# Lire les contes proposés sans analyser

Faites en sorte que votre enfant soit au calme et détendu pour écouter le conte. Il peut choisir son lit, le vôtre, le canapé, vos genoux si vous êtes assis dans un fauteuil, etc. S'il vient juste de rentrer, ou s'il a envie de jouer, remettez ce moment à plus tard.

## NE PARLEZ PAS DE SON PROBLÈME

Il est inutile de lui dire « je vais te lire un conte pour t'apaiser » (ou « pour que tu aies plus confiance en toi », ou « parce que tu es malheureux quand je suis loin de toi », etc.). Dites plutôt, pour susciter sa curiosité, que vous avez lu un conte qui devrait lui plaire.

Une fois que votre enfant est détendu, laissez-le s'installer dans la position de son choix.

Vous pouvez également commencer par lui lire un autre livre ou approfondir sa détente en vous aidant de la séance de relaxation détaillée plus haut (voir pages 46-49). Vous seul pourrez sentir quand votre enfant est ouvert, à l'écoute du conte. Mais n'attendez pas qu'il montre des signes d'endormissement. Si c'était le cas, reportez la lecture de l'histoire à un autre jour.

### ALLEZ DOUCEMENT

Pour que le confort d'écoute soit optimal, le conte doit être lu doucement, et plutôt lentement, de façon fluide. Laissez bien le temps à l'enfant de visualiser ce que vous racontez. Lorsque le mot « pause » est inscrit, attendez 1 à 2 secondes avant de continuer votre lecture. Cela afin de monopoliser le travail de l'inconscient. Évitez les forts contrastes de voix (par exemple de parler doucement et soudainement vous exclamer « quand tout à coup… »).

Ce conte est destiné à son inconscient : il va en comprendre la trame et exploiter les ressources que contient l'histoire sans que vous ayez besoin de jouer sur l'état émotionnel.

N'ANALYSEZ PAS

Enfin, évitez de faire le lien entre son symptôme et la métaphore de l'histoire ou de la réinterpréter pour la lui faire comprendre. Par exemple, évitez de dire à la fin : « Tu vois, le héros n'a pas confiance en lui non plus et il a bien fini par y arriver. »

Faites confiance à l'inconscient de votre enfant. C'est lui qui fera le lien tout seul. Trop d'explications concrètes et analytiques ralentissent le processus de guérison.

Le cœur parle souvent mieux que la tête…

# DEUXIÈME PARTIE

# 10 problèmes, 10 contes, 10 solutions

Les dix problèmes traités dans cette partie sont ceux que je rencontre le plus fréquemment en consultations d'enfants. Si vous pensez que votre petit souffre de l'un d'entre eux, vous pouvez vous reporter directement au chapitre concerné. Dans chaque chapitre, le déroulement est le même. Je vous conseille de lire les deux premières rubriques (« Comprendre ce qui lui arrive » et « Mes conseils ») afin d'être mieux informé sur la difficulté que traverse votre enfant.

En ce qui concerne les deux outils de résolution de problème (« son exercice de visualisation » et le « conte »), vous pourrez les utiliser et les mettre en pratique quand vous en avez le temps et l'envie, lors d'un moment tranquille avec votre enfant.

Auparavant, et pour guider votre enfant vers l'état amplifié de conscience propice au travail inconscient, n'oubliez pas de relire le passage sur la relaxation (voir pages 46-49).

Je vous conseille également de lire chaque thème, même si vous pensez que votre enfant n'est pas directement ou actuellement concerné. D'une part, vous pourrez ainsi mémoriser des informations et conseils qui vous serviront peut-être plus tard pour repérer un souci avant qu'il ne s'installe vraiment. D'autre part, les exercices de visualisation peuvent facilement être adaptés à d'autres situations ou problèmes que rencontrerait votre enfant. Des outils de confiance en soi, comme la « pierre de confiance », par exemple, sont utiles en toutes circonstances et à tous les enfants.

La lecture des contes vous permettra aussi d'intégrer naturellement le cadre des récits, l'utilisation des métaphores et du matériel symbolique. Cela vous aidera lorsque vous inventerez à votre tour un conte comme proposé dans la troisième partie.

Incitez enfin l'enfant à reproduire à d'autres moments, même seul, ce qu'il a vécu en relaxation et de refaire à l'envi son exercice de visualisation. La répétition ancre encore plus l'effet positif de cet apprentissage de bien-être.

# 1

# Il a peur du noir et des monstres

## Comprendre ce qui lui arrive

La peur du noir est une émotion très courante. Rares sont les enfants qui n'ont pas craint de se retrouver seuls la nuit à un stade de leur petite enfance. On a pu observer que la plupart de ces manifestations nocturnes se déroulaient principalement entre 2 et 5 ans. Souvent le petit repousse l'heure d'aller au lit, se serre contre l'adulte sur le canapé en réclamant de se coucher plus tard. Ou bien, lorsqu'il est déjà au lit, il réclame incessamment un verre d'eau, encore un bisou, pose de nombreuses questions, souvent les mêmes chaque soir (« vous restez dans le salon ? », « Vous allez vous coucher ? », etc.). Il exprime parfois sa peur du noir : « Je n'aime pas quand il fait tout noir » ou « des monstres viennent la nuit dans ma chambre ». D'autres fois, c'est plus tard, dans la nuit, qu'il appelle ou rejoint le lit parental.

## DES TENSIONS PROJETÉES

La peur du noir survient à un âge où les enfants deviennent plus conscients de leur environnement. Ils ont besoin d'évacuer les tensions accumulées (face à une découverte, à une personne). Il arrive particulièrement que cette peur surgisse lors d'un nouvel apprentissage ou d'une période de changement (déménagement, changement de nourrice, horaires de travail des parents modifiés, etc.).

La nuit, lorsqu'il se retrouve en position d'impuissance face à ce qui l'entoure et sent l'angoisse monter, il la projette sur des personnages extérieurs, lui donnant ainsi un sens (c'est normal d'avoir peur puisqu'il y a des êtres fantastiques dans ma chambre). Ce que craignent le plus les enfants, c'est d'être en proie à divers monstres qui seraient tapis dans un coin de leur chambre (sous le lit, dans le placard, derrière les rideaux, etc.). Plus grande est la chambre, plus nombreuses sont les cachettes…

L'imaginaire des enfants est grand. Et la nuit, alors qu'ils sont seuls dans leur lit, tous leurs sens sont en éveil. L'ouïe : le moindre bruit devient le point central de leur attention et les angoisse (le plancher qui craque, un volet qui grince, etc.). La vue : l'obscurité les désoriente. Ils n'ont plus de repères dans l'espace. Dans la pénombre, les objets habituels projettent des formes menaçantes. De plus, l'enfant à cet âge a du mal à différencier la réalité du rêve, l'heure du coucher risque de réveiller les méchants des contes qu'il a entendus ou lus (sorcières, fantômes, ogres, grand méchant loup, etc.) et qu'il a emmagasinés dans son inconscient, ainsi que les personnages effrayants qui peuplent ses cauchemars. Se sentant menacé et incapable de se défendre, il n'arrive plus à maîtriser sa peur. Il appelle au secours.

### DES CRAINTES UTILES

Toutefois, il est bon de savoir que ces craintes lui sont utiles pour évoluer vers plus d'autonomie. L'enfant apprend ainsi à maîtriser les changements et à surmonter ses émotions. Cet équilibre lui servira tout au long de sa vie. L'aide des parents est nécessaire : ce sont eux qui vont lui montrer et le rassurer sur sa capacité à s'apaiser.

Il est évident que le contexte familial influe sur le comportement de l'enfant. Ainsi des parents anxieux vont générer une inquiétude chez l'enfant (son inconscient enregistre l'angoisse présente au sein du foyer et, sans savoir pourquoi, il y répond de la même manière que le parent anxieux, en exprimant son inquiétude, ce qui risque de réveiller encore plus les angoisses du parent...). Cette interaction peut être modifiée si elle est expliquée à l'enfant. Nous allons voir comment arrêter cette boucle sans fin.

## Mes conseils

### APAISEZ SA CRAINTE

L'essentiel du travail des parents consiste à rassurer l'enfant et l'aider à surmonter sa peur du noir et des monstres.

Il doit se sentir en sécurité. Rappelez-lui qu'il est en sûreté : vous n'êtes pas loin, vous entendez ce qui se passe dans sa chambre et vous êtes aptes à le protéger quoi qu'il advienne.

Que ce soit avant qu'il se couche ou bien dans la nuit après qu'il vous a appelé en pleurant pour vous dire qu'un fantôme est sous son lit, rassurez-le : il n'y a rien sous le lit.

### AIDEZ-LE À IDENTIFIER LES SIGNAUX DE STRESS

Aidez-le à s'exprimer, demandez-lui de vous raconter le fruit de ses angoisses. Parlez-en avec lui sans dramatiser. Montrez-lui que vous le comprenez. Toutefois, dosez votre compréhension : il s'agit de l'écouter, pas de tomber dans la « chasse aux monstres ». Évitez de donner crédit à ses créatures imaginaires en faisant semblant de chasser un méchant à coups de balai, ou en lui proposant de fabriquer un piège à fantômes près de sa porte… Des actes qui tendraient à prouver qu'ils existent bel et bien !

### NE VOUS MOQUEZ PAS DE LUI

Quand il vous parle de ses monstres, écoutez-le et dites-lui que bien d'autres enfants imaginent la même chose car les enfants ont beaucoup d'imagination (c'est une façon de transformer sa peur en qualité).

Vous pouvez éventuellement lui faire part de vos anxiétés d'enfant si vous aussi êtes passé par là quand vous étiez petit. Évitez en revanche de lui raconter vos inquiétudes actuelles, ce n'est pas rassurant pour un enfant de savoir que ses parents ont peur. C'est plus rassurant de savoir que ses parents sont passés au même âge par une période de peurs et qu'ils l'ont surmontée.

Lui-même a peut-être déjà dépassé certaines de ses craintes : grâce à l'exercice de visualisation proposé ci-après, aidez-le à se remémorer ce qui l'effrayait auparavant et ne le tourmente plus aujourd'hui. Toute victoire est un apprentissage positif, elle renforce la confiance et aide à surmonter de nouvelles expériences émotionnellement difficiles.

### RITUALISEZ LE COUCHER

Il est primordial de prendre le temps de petits rituels qui le prépareront à dormir. C'est le moment des câlins, des berceuses et des échanges pour le libérer d'éventuels soucis de la journée. Amenez-le aussi à se projeter sur tout ce qu'il va faire de satisfaisant dans le futur proche (une sortie, la venue d'un petit cousin à la maison, etc.). À ce propos, si vous avez quelque chose à lui reprocher, ne le faites pas à l'heure du coucher, histoire qu'il ne s'endorme pas avec la tristesse d'avoir mal agi et ne renforce sa peur d'être seul et mal aimé. Proposez-lui son doudou, cet objet transitionnel qui l'aide à s'apaiser. Lisez-lui une histoire (ou inventez un conte métaphorique comme proposé dans la dernière partie de ce livre). Toute activité calme est bonne (évitez les fausses bagarres, les séances prolongées de chatouillis, tout ce qui excite).

Puis, dites-lui bonne nuit en lui rappelant que vous n'êtes pas bien loin. Quel que soit le temps que vous ayez à lui consacrer le soir, n'oubliez pas ce sas de décompression. C'est justement sa répétition qui permet à l'enfant de se sentir rassuré, le fait d'avoir les mêmes repères tous les soirs.

### LAISSEZ-LUI UN PEU DE LUMIÈRE

Pendant sa période de peur du noir, n'hésitez pas à lui laisser une veilleuse toute la nuit, ou la porte légèrement entrouverte sur un couloir allumé. Les formes autour de lui seront moins menaçantes. Si besoin, laissez près de lui une lampe de poche. Il existe également des objets qui se rechargent la journée et deviennent phosphorescents la nuit, ceci peut être une belle aide quand il est seul.

En même temps, amenez-le à apprécier la nuit un soir d'été (la beauté de la lune qui éclaire plus qu'on ne le croit, les étoiles qui brillent…). Les étoiles phosphorescentes que l'on colle au plafond peuvent lui rappeler ce bon moment d'été tout en lui apportant un léger éclairage. Le but est de lui apprendre que la nuit n'est pas une ennemie, mais est une alliée qui apaise (le conte proposé ci-après repose sur cette idée).

Si votre enfant a un frère ou une sœur, ils peuvent partager la même chambre : la présence de l'autre rassure.

Et puis dites-vous aussi, et dites-lui, que cette peur du noir n'a qu'un temps. Elle cessera d'elle-même peu à peu.

### SOYEZ CLAIR

Faites attention que le temps de rituel ne s'étire pas au-delà d'un temps raisonnable. Si votre enfant insiste pour prolonger encore et encore la soirée, soyez ferme : « Maintenant il est l'heure de dormir. » Rappelez-vous que rien ne rassure plus l'enfant que des limites claires et respectées.

Bien entendu, chaque enfant est unique. Certains ont besoin de se coucher tôt et d'autres sont des couche-tard. S'il se relève sans cesse ou vous appelle encore et encore, vérifiez que votre petit n'a tout simplement pas besoin d'être couché comme les poules. Parfois, en décalant simplement d'une demi-heure le moment du coucher, tout se passe plus naturellement et tout le monde y trouve son compte. Prenez bien le temps de percevoir tous les signaux de sommeil de votre enfant (bâillements, vue brouillée, paupières qui se ferment, pouce sucé, nounours serré, etc.). Vous saurez mieux vers quelle heure il commence à fatiguer. Vous pouvez lui en parler : « Quand tu suces ton pouce comme ça, c'est que tu as envie, sans le savoir, d'aller te coucher. » Il saura ainsi lui-même repérer ces signes et sentir qu'il a ses propres signaux.

Et puis vous pouvez vous aider de la capacité d'imagination de votre enfant. Proposez-lui un petit jeu qu'il pourra faire, sans s'ennuyer, jusqu'à ce qu'il trouve le bon moment pour s'endormir. Par exemple, chaque soir, demandez-lui de fabriquer une histoire qu'il vous racontera le lendemain matin. Vous pouvez lui donner chaque fois des indications différentes (une princesse, un panier, des fleurs, un poney blanc, une peinture magique ?). À lui de trouver une histoire qui tienne la route. Et insistez pour qu'il invente une belle histoire qui finit bien !

## Son exercice de visualisation
pour rendre ses monstres inoffensifs

« UN MONSTRE RIDICULE »

Le but de cet exercice est de dédramatiser l'image du monstre (ou du cauchemar). On travaille sur l'image mentale, donc en lien direct avec l'inconscient. Celui-ci va enregistrer les changements positifs que l'enfant va créer sur ses monstres et ainsi dissocier l'image mentale du sentiment de peur pour y associer un sentiment de tranquillité.

• Commencez par demander à votre enfant de vous décrire le monstre dont il a peur la nuit. Ensuite, amenez-le à le transformer. Aidez-le avec quelques suggestions : « Je me demande comment tu pourrais t'amuser à transformer ce monstre. Peut-être que tu peux changer ses habits, sa couleur ? Ou bien lui faire porter un chapeau rigolo ? Et puis, pourquoi ne pas lui faire un sourire ? Tu peux aussi lui mettre un nœud dans les cheveux, comme un nœud de fille, tu sais ? »

• Laissez votre petit imaginer ce qu'il a envie de faire. Et vous décrire ses transformations s'il le souhaite.

• Si, après cela, le monstre lui fait encore peur, vous pouvez lui suggérer de le réduire, qu'il devienne tout petit : « Comme ça, il te fichera la paix maintenant ! Regarde comme il est ridicule (ou minuscule, ou rigolo selon ce que votre enfant aura imaginé).

• Félicitez-le et dites-lui qu'il a en lui une partie-qui-sait-tout qui a bien enregistré toute sa capacité à transformer les monstres et qu'ainsi il pourra le refaire quand il le voudra avec d'autres monstres ou d'autres cauchemars.

## **Un conte** pour s'endormir tranquille

### ESTELLE, LA FÉE DES ÉTOILES

C'est l'histoire d'une petite fille qui s'appelait Frileuse. Enfin, c'est comme cela qu'on l'appelait tout le temps parce qu'elle avait peur de beaucoup de choses et qu'elle n'osait pas s'aventurer, surtout la nuit. Elle disait que quand il fait noir, tout se transforme : elle voyait des ombres étranges. Et elle avait toujours l'impression qu'il allait se passer quelque chose de dangereux, elle ne savait pas pourquoi, c'était comme ça. Ses parents lui avaient dit que cela arrivait à plein d'autres enfants. Frileuse se disait qu'au moins elle n'était pas toute seule.

*(pause)*

Un jour, elle eut une idée : et si tous les frileux se rassemblaient, ils auraient moins peur ? Mais sa maman lui expliqua que ce n'était pas possible. De toute façon, elle n'avait pas envie d'avoir plein de gens dans sa chambre.

À chaque fois qu'on l'appelait par ce petit surnom, Frileuse avait de la peine, cela lui rappelait ses peurs. Ce n'était pas sa faute si elle voyait des choses bizarres la nuit ! Elle avait beau se dire que c'était son imagination, elle n'arrivait pas à aimer la nuit.

*(pause)*

Un soir où Frileuse se cachait sous ses couvertures, tremblante comme chaque soir, elle vit apparaître une lumière si forte qu'au début elle ne put que fermer les yeux. Quand elle les ouvrit à nouveau, elle découvrit près de son lit une drôle de fée. Sa robe était bleu foncé avec plein d'étoiles. Et son chapeau tout pointu était surmonté d'une superbe étoile brillante. Frileuse en était sûre : c'était la fée des étoiles. Comme elle était gracieuse et lumineuse ! Frileuse lui demanda son nom. L'apparition nocturne lui répondit qu'elle s'appelait Estelle. Et, alors que Frileuse était sous le charme, oubliant totalement que c'était la nuit, Estelle fronça les sourcils et lui dit, boudeuse : « Je n'apparais jamais auprès des enfants, tu sais, mais là j'en ai assez de tous ces enfants qui ont peur la nuit ! On nous oublie, nous, les étoiles qui brillons dans le ciel toute la nuit ! Nous sommes des milliers à vous éclairer avec notre complice Lune. Et toi et les autres enfants, vous ne pensez jamais à nous. C'est désespérant !

*(pause)*

La fée demanda : « Avez-vous envie d'y voir clair ? »

*(pause)*

« Oui, bien sûr, répondit Frileuse. Mais tu dois nous excuser, on ne savait pas que vous étiez là, et que vous nous apportiez de la lumière ! Il faut dire que quand les volets sont fermés, on ne te voit pas, chère Estelle. Ni toi ni tes amies célestes ! »

« C'est pour cela que je me suis déplacée de si loin ma chérie. Je vais t'apprendre un secret qui va te permettre de nous voir toutes les nuits pour que nous puissions te protéger. »

*(pause)*

Frileuse était très attentive. Elle attendait ce fameux secret avec recueillement.

*(pause)*

« Ferme les yeux ma petite et souviens-toi de ma lumière. Ma lumière t'enveloppe, tu deviens toute brillante à ton tour. Puis, tout bas, elle chuchota :

« Les étoiles veillent sur toi, dors bien, et tu te réveilleras demain matin en pleine forme. »

*(pause)*

Et Frileuse s'endormit tout apaisée, comme si une baguette magique avait fait son effet. Le lendemain matin, elle était dans une forme éblouissante, ravie d'avoir si bien dormi.

*(pause)*

Elle se rappela Estelle en se disant qu'elle avait dû rêver. Les fées étoiles n'existent pas ! Mais là elle aperçut un morceau de tissu accroché à son lit. Un tissu de soie couvert d'étoiles.

Elle n'a jamais su si Estelle avait laissé ce tissu comme un clin d'œil pour elle, ou bien si c'était un hasard. En tout cas, ce qui est sûr, c'est que personne ne l'appelle plus Frileuse maintenant. Car toutes les nuits, quand elle ferme les yeux, elle voit, derrière ses yeux clos, une belle lumière qui illumine toute sa chambre. Et elle rêve à Estelle et aux étoiles qui veillent sur elle toute la nuit.

# 2

# Il manque de confiance en lui

## Comprendre ce qui lui arrive

### D'OÙ VIENT LA TIMIDITÉ ?

On le sait, le degré d'assurance est différent d'un enfant à l'autre. Certains sont téméraires et fonceurs. On a l'impression que rien ne les arrête. D'autres sont timides et n'osent pas s'affirmer. Cette différence, déjà visible chez les tout jeunes enfants, tient à plusieurs aspects, dont les principaux sont les modèles familiaux et l'éducation.

### IL ASSIMILE UN COMPORTEMENT COMMUN

Lorsqu'une personne importante de la famille proche de l'enfant (vous, votre partenaire, un grand-parent, etc.) est timide, celui-ci peut intégrer ce modèle de comportement. Il y a ainsi souvent des familles de timides.

### QUE VOUS RISQUEZ DE RENFORCER

Mais prudence si c'est votre cas : à force de penser que votre enfant sera sûrement comme vous, vous risquez de l'orienter, malgré vous, précocement vers les rails du manque de confiance en soi. Ce serait comme un sortilège jeté par un mauvais génie avant même que l'enfant puisse faire grandir son affirmation de soi. Ne préjugez pas de son avenir comportemental…

### COMMENT GRANDIT L'ESTIME DE SOI

La timidité est corrélée à l'estime de soi, vous avez donc un rôle non négligeable pour l'aider à rehausser son assurance.

Néanmoins, attention, à l'excès inverse. Certains parents ayant souffert de timidité enfant, ou en souffrant toujours, veulent tellement que leur enfant ne subisse pas la même blessure qu'ils exigent qu'il devienne plus courageux, plus combatif, etc.

Votre enfant va se construire avec toutes les qualités et les failles qu'il détient, comme des trésors qui font et feront de lui un être unique, à part entière, proche et différent de vous. Il faut qu'il apprenne à mieux se connaître tel qu'il est, à développer ses capacités et à croire en lui.

Comment grandit l'estime de soi ? Grâce à votre amour, au regard que vous portez sur lui. Il sent alors qu'il a de la valeur à vos yeux, que vous le considérez comme aimable et important. Il acquiert ainsi une base sécurisante qui va le rassurer. Les expériences sur le processus d'attachement prouvent que le sentiment de sécurité est relié au degré d'autonomie future de l'enfant. L'enfant fait intérieurement provision de toute cette force qui forge son assurance et lui permet de se sentir fier.

### IL SE DIFFÉRENCIE, C'EST SIGNE D'AUTONOMIE

Vers l'âge de deux ans, le petit d'homme apprend à s'opposer, à dire « non » : il s'individualise en se différenciant de vous et en marquant ses préférences. L'écoute est indispensable à cette période (« Que préfères-tu ? Aller au parc ou à la piscine ? »). Déjà, on lui donne la possibilité d'exprimer son choix.

Il faudra aussi qu'il s'estime à sa juste valeur en se connaissant mieux. Il va multiplier différentes expériences d'autonomie. Au sein de sa famille d'abord. Puis à l'école, en se comparant cette fois-ci aux autres, qui sont parfois plus durs, plus agressifs. S'affirmer face aux autres est un nouveau palier.

Lors de cette étape, il faut l'aider à verbaliser ce qui s'est passé dans la journée, surtout quand il revient chagriné. Joue-t-il avec d'autres enfants dans la cour ? A-t-il essuyé des moqueries (sur son physique, sur sa nonchalance, sur ses capacités intellectuelles…) ? Si c'est le cas, ne le laissez pas se renfermer dans sa coquille. Incitez-le à trouver des stratégies de réconciliation ou de détachement : « Ce petit garçon, s'il t'a dit cela, c'est peut-être qu'il est triste ou qu'il vit quelque chose de difficile dans sa vie. Ou bien peut-être qu'il est jaloux. On ne sait pas. Chacun ses moments difficiles. Il vaut mieux que tu joues avec les copains que tu aimes bien. »

### L'AIDER À AVOIR PLUS D'ASSURANCE

Avoir une bonne estime de soi lui servira tout au long de sa vie. Elle permet de nouer plus facilement amitié, de mieux gérer les relations au travail et de prendre des décisions sans craindre le jugement des autres. Une fois acquise, elle risque moins d'être ébranlée par les inévitables coups durs de la vie.

À l'inverse, une mauvaise estime de soi peut entraîner des symptômes psychosomatiques chez l'enfant au moment d'affronter des situations délicates ou difficiles (aller tout seul chez le boulanger, réciter une leçon à l'école, etc.) et plus tard une difficulté à affronter la vie sociale et les relations. Toute notre vie, nous avons tendance à nous inspirer de nos exploits ou échecs passés pour créer notre avenir. Lorsque cette peur de l'échec est intériorisée, certaines injonctions raisonnent comme des lois intérieures : « Je ne vais pas y arriver », « C'est trop difficile pour moi », « Fais-le, toi, tu y arrives mieux ». Quand un enfant échoue ou bloque devant une difficulté, il risque d'imaginer qu'il ne pourra, ne saura pas faire autrement.

Heureusement, rien n'est inscrit de façon fixe, rien n'est figé ! On peut à tout moment transmuter ces pensées négatives en impulsions plus positives. Accompagnez au mieux votre enfant sur sa nouvelle route, à son rythme... Plus il réalisera d'expériences heureuses, plus il augmentera sa confiance en lui. Et moins il sera timide.

## Mes conseils

PAS D'ÉTIQUETTE !

Même si vous sentez que votre enfant est réservé, ne pointez pas incessamment sa faiblesse. Faites attention devant la famille, devant les amis, de ne pas toujours insister sur sa timidité. Ne le prenez pas à partie : « Pourquoi tu ne fais pas d'effort pour participer en classe ? » ou « Allez, joue plus avec les autres ! ». Ces remarques le culpabilisent plutôt qu'elles ne l'aident. De même, ne le taquinez pas devant les inconnus ou la famille et s'il a un cousin, un grand frère ou une grande sœur qui réussit bien, tentez de ne pas comparer !

Au contraire, insistez sur les qualités que chacun détient, comme des trésors qui permettent d'être unique et différent. Lorsqu'on colle une étiquette à un enfant, il y a fort à parier que tout l'entourage la reprendra. L'étiquette de la timidité, par exemple, sera vite intégrée par tous. C'est plutôt humiliant pour l'enfant. Et il lui sera bien plus difficile de sortir de cet engrenage. À un moment donné, sans même vous en rendre compte, vous risquez de ne même plus lui demander son avis, de faire comme s'il n'existait pas, de l'oublier donc, ce qui renforcera son sentiment de dévalorisation.

ENCOURAGEZ-LE

Évitez de tout faire à sa place ou d'être sans cesse derrière lui à lui dire qu'il va tomber, qu'il ne sait pas faire, qu'il est trop petit, etc. Il risque d'intérioriser une peur d'entreprendre, voire la certitude qu'il est incapable de faire, de créer… Et cela commence très tôt ! Si vous vous postez auprès de son berceau avec son biberon tout chaud avant même qu'il ait eu le temps de vous appeler, il va intégrer que tout vient à lui sans effort. Idem au moment de ses premiers déplacements en rampant lorsque vous lui mettez dans les mains le jouet qu'il essayait d'attraper…

Le mieux est de laisser faire. Et de l'encourager : « Tu vas y arriver, j'en suis sûre. » Même s'il est tout rouge, qu'il trépigne… Plutôt que de lui donner l'objet convoité, laissez-le réfléchir à la bonne stratégie pour parvenir à son but. En lui donnant le jouet, vous lui coupez l'herbe sous les pieds, vous l'empêchez de vivre cette joie intérieure intense : « J'y suis arrivé ! » Regardez un bébé qui atteint son but, on peut lire tellement de fierté dans son regard ! Quand il réussit, bien sûr, vous pouvez vous écrier : « Bravo ! Tu as réussi ! » Il sera encore plus fier, tel le champion arrivé sur la première marche du podium ! Vos félicitations sont ses coupes du monde ! C'est évidemment plus difficile lorsqu'il prend un peu plus de risques (monter sur la chaise pour attraper un paquet de gâteaux par exemple, ou descendre une pente en vélo). Évaluez le risque et laissez-le s'aguerrir. Si vous n'y arrivez pas car vous avez trop peur pour lui, pensez à passer la main dans ces moments-là à une autre personne de la famille ou un ami qui aura plus de distance… Votre enfant y gagnera en autonomie.

### NE LE SURÉVALUEZ PAS NON PLUS

Si votre enfant est timide et que vous répétez inlassablement qu'il est le plus beau, le plus merveilleux, le plus intelligent, même lorsqu'il n'a rien entrepris ou s'est fait insulter par un autre, etc., il va finir par douter de ses réelles capacités ! Félicitez-le plutôt lorsqu'il a vraiment accompli une performance (physique, émotionnelle, intellectuelle), même petite.

Mettez en place des petits défis qu'il peut réaliser facilement selon son âge (choisir ses vêtements tout seul, balayer la cuisine, mettre la table, etc.). S'il se trompe un peu ou qu'il casse un verre, dites-lui qu'il réussira mieux la prochaine fois. Insistez plutôt sur ce qu'il a fait de bien : « Avant de faire tomber le verre, tu étais presque arrivé, bravo ! La prochaine fois tu te rappelleras qu'il faut bien les tenir à deux mains. »

Votre discours doit toujours être en accord avec ce qu'il a vécu. Il aura moins peur de se lancer et apprendra progressivement ses valeurs et sa capacité à avancer en gagnant des points d'assurance dans la vie. S'il a des expériences malheureuses, apprenez-lui à en tirer les explications nécessaires pour comprendre ce qui l'a fait échouer. Comprendre les échecs permet de s'en détacher…

### ATTENTION AUX ATTENTES QUI CONDUISENT À L'ÉCHEC

Certains parents, voulant bien faire, entraînent leur enfant dans la vie comme des champions qui doivent gagner sur tous les terrains. Ces enfants n'ont pas le choix : ils doivent être performants, sinon ils pensent qu'ils vont perdre l'amour de leur père ou de leur mère. Lorsque l'enfant a une âme de battant, il peut s'en délecter et se dépasser grâce à cette exigence.

Mais, il est courant de voir des petits-bouts stressés par ce que l'on attend d'eux. Que ce soit physiquement, s'il s'agit de sport, ou psychiquement, s'il s'agit de résultats scolaires. Féliciter un enfant pour ses bonnes notes est une chose, en demander toujours plus ou sous-entendre que les autres sont meilleurs fragilise son amour-propre. Votre petit soldat risque de se mettre en échec comme on se met au vert pour respirer. Et d'intégrer inconsciemment qu'il n'est pas à la hauteur de vos attentes, donc qu'il peut à tout moment être rejeté. Et s'il l'est par vous, il le sera plus encore par les autres.

Si vous pensez être ce type de parent, prenez le temps de vous demander quelles attentes votre enfant porte. Nous avons tous un enfant imaginaire dans la tête. Ce bébé qui grandirait comme nous l'avons souhaité et qui parviendrait à réussir là où nous avons échoué ou bien là où nous pensons qu'il est bien de réussir… Parfois notre enfant réel diffère de notre enfant imaginaire. Nous avions envie d'un garçon et nous avons eu une fille, nous rêvions d'un sportif et nous avons un rêveur, nous imaginions un artiste et nous sommes devant un battant…

Réfléchissez : quelles étaient vos attentes avant que cet enfant arrive. Et jusqu'à aujourd'hui ? Votre enfant, en réalité, ne correspond pas à ce que vous aviez imaginé ? Alors c'est à vous de faire le deuil de cet enfant imaginaire et d'accepter votre petit avec tout ce qu'il a de faiblesses et de forces, unique.

## Son exercice de visualisation
pour renforcer son assurance

« MA PIERRE DE CONFIANCE »

Voici un exercice qui devrait rassurer votre enfant. Il va imaginer une pierre qui sera sa pierre de confiance. À chaque fois qu'il la visualisera, il sentira l'assurance grandir en lui. Son inconscient va relier l'image mentale telle qu'il l'a visualisée (sa pierre) à une émotion positive (la confiance). Plus il répétera cet exercice, et plus son estime de soi se renforcera.

Vous pouvez également demander à votre enfant de la dessiner et de laisser le dessin en évidence quelque part dans sa chambre, histoire que ce changement soit bien présent dans sa vie. Parfois, lorsque des enfants me décrivent leur pierre, je leur présente plusieurs pierres que je garde dans mon cabinet. Si l'une d'elles ressemble à « sa » pierre de confiance, je la lui offre. Il la gardera sur sa table de nuit ou dans la poche de son manteau pour la toucher de temps à autre et se rappeler la force de cette pierre tout en se rappelant sa capacité à avoir confiance. Vous pouvez faire de même, par exemple en allant dans un magasin de pierres pour qu'il choisisse la pierre qui ressemble à sa pierre de confiance.

Il doit se sentir « appelé » par cette pierre. Sinon, le mieux est qu'il s'en tienne à sa visualisation. Dites-lui alors que de toute façon la visualisation est aussi puissante que la pierre réelle (ce qui est vrai).

• « Ferme les yeux pour imaginer la plus belle pierre que tu puisses imaginer. Elle est peut-être très grosse, très petite, pointue, arrondie. C'est peut-être un caillou ou bien une pierre précieuse comme celles que l'on voit sur les bijoux. C'est une pierre magique. C'est TA pierre magique.

• Dès que tu la vois, tu me la décris : sa couleur, sa forme.

*(Laissez à l'enfant le temps de visualiser.)*

• Bien. Maintenant, tu vas la prendre dans la main gauche ou la main droite. (Si sa pierre de confiance est trop grosse, demandez-lui de la réduire : "juste assez pour qu'elle puisse tenir dans ta main droite ou ta main gauche".)

Sens que cette pierre magique t'apporte encore plus de confiance. Peut-être que tu vas sentir comment cette pierre de confiance te parle ? Je me demande si elle change de couleur, ou bien si elle devient chaude, ou si elle vibre dans ta main lorsqu'elle t'apporte toute la confiance dont tu as besoin. Comment te parle-t-elle cette pierre ?

*(Attendez sa réponse).*

• Très bien ! Bravo ! C'est drôlement bien que tu aies cette pierre magique dans ta vie maintenant ! À chaque fois que tu auras besoin de confiance en toi, tu pourras l'appeler et à chaque fois elle vibrera (s'illuminera, deviendra toute chaude, changera de couleur, selon ce que l'enfant aura trouvé comme façon de lui parler, comme changement positif pour sa pierre). Et même si tu oublies d'appeler ta pierre, une partie de toi, celle qui sait tout, appellera la pierre pour que tu sentes la confiance grandir en toi de plus en plus et à chaque fois que tu en as besoin. Et ainsi tu pourras sentir grandir en toi de plus en plus de confiance. »

## **Un conte** pour reprendre confiance en soi

L'ANNEAU DU MANÈGE-TOURBILLON

Tous les enfants aiment les manèges. Simon en apprécie un plus particulièrement. Simon est grand aujourd'hui mais il aime bien raconter sa rencontre avec le manège-tourbillon, quand il était plus jeune, à l'âge que tu as toi maintenant.

Même si tu es déjà monté sur certains manèges, tu ne les connais pas tous, car il en existe de toutes sortes. Simon avait déjà testé les chevaux du carroussel, le bateau-rivière, le tapis magique et d'autres encore mais le manège qui l'a le plus marqué, c'est ce fameux manège-tourbillon.

Extérieurement, ce manège n'avait rien d'exceptionnel. C'était une plate-forme qui tournait à une vitesse normale et les enfants s'asseyaient sur des tabourets colorés. Chacun tenait à la main le bâton fluorescent qui se trouvait à côté de son siège. C'était drôle à voir car ils avaient tous les yeux fixés sur une seule chose : l'anneau en argent qui était suspendu tout en haut près du forain. Car celui qui le décrochait avait droit à deux tours gratuits. Ce n'était pas facile et chacun en rêvait.

C'était devenu un jeu entre tous les enfants du village. Il fallait avoir décroché au moins une fois l'anneau. Et certains, comme Billy, y étaient arrivés dix fois ! Simon l'enviait. Lui n'y était encore jamais arrivé. Il avait bien essayé, mais il n'avait jamais pu même frôler l'anneau. Au début il s'était mis en colère. Il se trouvait trop petit pour y arriver. Parfois, il pleurait en se lamentant : il imaginait qu'il n'était bon à rien. Il avait même fini par croire qu'il n'y arriverait jamais.

Il trouvait ça injuste.

*(pause)*

Il pensait : « Pourquoi tous les autres y arrivent sauf moi ? »

*(pause)*

Ses parents le consolaient : « Tu vas y arriver ! » Simon doutait de plus en plus de lui. Et Billy qui venait encore de gagner et le narguait. Bientôt tout le monde allait se moquer de lui, c'était sûr.

*(pause)*

Un jour, un petit de son école, bien plus petit que lui, décrocha plusieurs fois de suite l'anneau magique. Simon n'en revenait pas : « Il est moins fort et moins grand que moi et il y arrive. Il doit avoir un truc ! » Il l'observa attentivement pour connaître sa technique. En fait, le petit montait sur un des boulons du tabouret pour gagner les quelques centimètres qui lui manquaient. Un boulon que Simon n'avait jamais remarqué avant, alors que tous les tabourets en possédaient !

Ce fut une révélation pour Simon : il comprit que chacun devait trouver sa méthode en fonction de ses qualités.

Et la grande qualité de Simon, c'était le don d'observation. Alors, il examina le manège, calcula mentalement la vitesse, la hauteur de l'anneau et la hauteur de ses sauts. Et il se lança, avec plus de confiance.

*(pause)*

Il sauta exactement au bon moment, à la bonne hauteur pour attraper l'anneau. Il était tellement fier ! « J'ai gagné », criait-il. Alors, bien sûr, les autres essayèrent de l'imiter. Mais Simon leur révéla ce qu'il avait compris : « Cherchez plutôt ce qui fait *votre* force. Tout le monde a quelque chose qui lui permet d'arriver à faire ce qu'il veut. Vous allez trouver vous aussi. »

*(pause)*

Aujourd'hui qu'il est grand, Simon ne peut s'empêcher de regarder les enfants qui ratent leur tour de manège. Et il leur souffle : « Cherche ce qui va te faire gagner, tu vas trouver. »

# 3

# Il est stressé

## Comprendre ce qui lui arrive

Un stress modéré peut jouer un rôle positif, car il devient moteur d'un dépassement lorsque toutes les énergies sont mobilisées pour accéder au but que l'on s'était fixé. Mais un stress répétitif ou chronique est nuisible à un bon équilibre psychique et physiologique. Dans la vie actuelle, les enfants sont sous pression de plus en plus tôt et les parents, eux-mêmes débordés, n'arrivent pas toujours à repérer les premiers signes de l'anxiété, avant que ne s'installe un état anxieux.

### UN MÉCANISME NATUREL DE DÉFENSE

On le sait, le stress est une réponse naturelle face à ce qui est ressenti comme un danger extérieur. L'organisme s'active, comme une alarme qui s'enclenche avec toute une batterie d'effets physiologiques (montée d'adrénaline, accélération de la respiration et du rythme cardiaque). C'est un mécanisme de défense qui protège du danger. On le mémorise pour s'en servir la fois suivante. Toutes les expériences sont enregistrées tant au niveau corporel qu'au niveau psychique.

Le « danger » en lui-même est propre à chacun, à son histoire et à celle de ses parents, à son ressenti. Ce qui est perçu comme dangereux par un enfant sera sans effet sur un autre, y compris dans une même fratrie. Un enfant timide aura plus de mal à gérer le stress qu'un enfant sûr de lui.

### L'ATTENTION EST MONOPOLISÉE

Généralement les enfants mettent en place cette alerte lorsqu'ils sont confrontés à une situation imprévisible ou nouvelle qui perturbe leurs habitudes. Ils n'ont pas eu assez de temps pour y faire face. Cela peut être un déménagement, l'arrivée d'un petit frère ou d'une petite sœur, la séparation des parents, la maladie de l'un d'entre eux, un changement d'école, une interrogation au tableau, etc.

La sensation de risque peut aussi provenir d'une mauvaise expérience : par exemple, aller chez le médecin si l'enfant a eu mal lors d'une piqûre à la visite d'avant, prendre l'avion s'il a eu mal aux oreilles une première fois, etc.

Le stress peut enfin venir en réaction d'un climat stressant (cris, disputes, critiques incessantes).

Ou encore de la pression que certains parents mettent à leur enfant dans l'espoir qu'il obtienne de meilleurs résultats ou remporte des compétitions sportives. Un stress de la performance va alors insidieusement s'installer.

### A-T-IL DES MANIES, DES TICS, DES DOULEURS RÉCURRENTES ?

Soyez attentif aux symptômes de votre petit et ne prenez pas à la légère les signaux qu'il envoie. Une fois installé, le stress a un impact non négligeable sur la santé mentale et physique. Il se répercute sur le bien-être affectif et social ainsi que sur les résultats scolaires. Avez-vous remarqué que votre enfant est triste, apathique ou soudainement colérique ? Se plaint-il d'avoir mal au ventre ou à la tête sans que le médecin ait dépisté quoi que ce soit d'anormal ? Notez les changements éventuels de son mode alimentaire ou de la qualité de son sommeil.

Le début d'un bégaiement doit aussi vous alerter. C'est le signe d'une angoisse. Parfois des tics nerveux accompagnent cet état émotionnel. Apparaissant tôt, vers 3 ou 4 ans, ces mouvements inconscients risquent de s'installer vraiment entre 5 et 7 ans, ce principalement chez les garçons émotifs. En cas d'angoisse, les mouvements rapides des yeux, de l'épaule ou d'une autre partie du corps s'amplifient. Ils diminuent quand l'enfant est au calme et disparaissent totalement lors du sommeil. Tics et bégaiement devraient repartir comme ils sont venus. S'ils persistent, prenez conseil auprès d'un orthophoniste ou d'un thérapeute spécialisé dans la petite enfance pour les enrayer suffisamment tôt.

## Mes conseils

### RELÂCHEZ LA PRESSION

Il est possible que vous ayez tendance à mettre la pression sur votre enfant, pour qu'il soit le meilleur à l'école, en sport, en musique, etc. Dans ce cas, vous croyez probablement que ce niveau d'exigence est positif pour lui, que cela lui donnera de meilleures chances de réussir dans la vie. Certains enfants arrivent à gérer cette pression et ils en font même un formidable moteur pour devenir les premiers, voire les champions de leur catégorie.

Cependant, si votre enfant montre des signes d'anxiété, il serait préférable de ralentir. Cherchez à mieux connaître le fond de votre motivation. Souvent l'enfant est inconsciemment appelé à réaliser une revanche parentale, en réussissant là où le parent a échoué. C'est une lourde attente qui oblige à l'excellence mais qui prend bien souvent trop de place dans la vie du petit. À moins que ce ne soit vraiment son choix, allégez son emploi du temps et préférez des temps de câlins et de rires qui aident aussi à bien grandir ! De plus, il est préférable de passer du temps avec votre enfant en l'encourageant dans ce qu'il sait et aime faire : il gagnera en confiance et perdra sa nervosité.

### POSEZ-VOUS

Vous êtes un modèle pour votre enfant. Alors, si vous êtes vous-même anxieux, il serait profitable de régler d'abord ce problème. En prenant du temps pour vous, en pratiquant des exercices de relaxation ou en suivant une psychothérapie. Vous vous allégerez et votre enfant en ressentira les bienfaits.

S'il a des tics ou s'il bégaie, ne vous moquez pas, ne le critiquez pas, ne lui demandez pas non plus de mieux se comporter. Cette pression ne pourrait qu'augmenter son stress. Rappelez-vous qu'il ne peut pas contrôler ses tics ou son bégaiement et que ce sont des signaux de mal-être qui doivent être écoutés avec attention.

Montrez-lui l'exemple : gardez votre calme car votre apaisement va se transmettre à votre enfant qui se sentira plus en confiance et communiquera alors avec plus de calme par effet de mimétisme. Vous allez pouvoir le rassurer. Et plus vous vous montrerez disponible, plus il se sentira valorisé.

## UN CLIMAT APAISANT

Maintenez un climat apaisant à la maison et adoptez des habitudes de vie : heures de repas et de coucher régulières pour commencer. Le rituel de la lecture ou de l'histoire sera pour lui un sas de décompression lui permettant de passer une bonne nuit en laissant tout le stress derrière soi. Préférez les ambiances zen (couleurs douces, les bruits d'eau qui calment, etc.). Un sommeil réparateur l'aidera, lorsqu'il se réveillera en pleine forme, à se sentir plus fort face à son stress.

APPRENEZ-LUI QUE LE STRESS SE GÈRE

Déculpabilisez votre enfant sur ses angoisses, apprenez-lui qu'il est normal de traverser toute une gamme d'émotions : la tristesse, la colère, le stress… Chacun les expérimente à sa manière dans sa vie et il ne faut pas s'en inquiéter. Dialoguez avec lui pour connaître les raisons de son stress. Cela donne déjà le sentiment rassurant d'avoir plus de prise sur l'émotion.

Et puis il est possible que vous trouviez tous les deux une solution qui lui apportera plus de tranquillité (changer de professeur de piano, arriver en avance à l'école, arrêter une activité, etc.).

L'anxiété est liée à l'impression de ne pas pouvoir contrôler ce qui va arriver. Plus précisément, les recherches en psychologie montrent que ce n'est pas tant le véritable contrôle qui importe, que la sensation subjective de contrôle. Réussir à avoir un sentiment de contrôle permet déjà de réduire le stress. Quand l'enfant sait qu'il a une technique qui lui apporte la capacité de modérer son stress, son émotion commence déjà à se dissiper.

LA RELAXATION ET LA VISUALISATION : SES OUTILS ANTISTRESS

En cas de stress, utilisez pleinement les exercices proposés dans ce livre et aidez votre enfant à adopter la relaxation (voir pages 46-49) et la visualisation. Ce sont de véritables outils antistress. Votre enfant apprendra très vite à trouver un état d'apaisement en pensant à un objet ou un symbole qui lui fait du bien. Rien qu'en inspirant avec la respiration ventrale, il pourra donner tous les signaux de détente à son corps et à sa tête. Expliquez-lui les bienfaits de la relaxation : en état modifié de conscience (mi-veille mi-sommeil), la respiration permet d'éliminer le stress, de l'évacuer hors du corps. En paix et en confiance, l'ensemble des muscles fonctionnent harmonieusement. Dans cette détente, le corps produit des endorphines, ces hormones naturelles de relaxation qui sont des tranquillisants naturels…

Le conte qui suit incite l'inconscient à lâcher prise.

Puisque votre enfant détient en lui des trésors d'apaisement, pourquoi s'en priver ?

## **Son exercice de visualisation** pour contrôler son stress

« MA BOULE DE STRESS »

Cet exercice aide l'enfant à penser qu'il a le contrôle de son stress. On l'a vu, le sentiment de contrôle permet de soulager la tension engendrée. En sachant qu'il peut maîtriser son émotion n'importe où et n'importe quand, votre enfant va s'autoriser à se relâcher et gagner en confiance… Puisqu'il est plus fort que son stress…

• Commencez par lui demander d'imaginer où se trouve sa « boule de stress » (dans le ventre ? la gorge ? le cœur ?). Puis incitez-le à entrer plus en contact avec elle pour mieux la repérer. Proposez : « Regarde si elle est grande ou petite, molle ou dure, comme si tu pouvais la prendre dans la main pour mieux la sentir. Vois si tu peux savoir de quelle couleur elle est. Ressens son poids pour savoir si elle est lourde ou légère. »

• Quand votre petit a fini de se connecter avec cette boule de stress, suggérez-lui qu'il en est le maître, et qu'il peut, quand il veut, la comprimer, l'aplatir complètement avec la main droite ou gauche. Ou bien la mettre sous son pied et l'écraser. Que préfère-t-il ? Dès qu'il vous signale ce qui marche le mieux, ajoutez : « Bravo ! Tu sais réduire ta boule de stress, pour qu'elle devienne toute petite, tellement petite qu'elle te laisse en paix maintenant ! Et à chaque fois que tu sentiras qu'elle revient, tu l'écrases à nouveau car tu es plus fort qu'elle. »

## **Un conte** pour lâcher prise

LE PAQUEBOT SOUS PRESSION

Tu penses peut-être que la vie des navires est simple, qu'ils flottent tranquillement sur la mer. Ce n'est pas toujours le cas. Il y a les rochers qu'il faut éviter, les vagues qui sautent par-dessus bord, et bien d'autres soucis qui obligent à rester vigilant.

*(pause)*

Alors, lorsqu'un bateau sort pour la première fois du port, on lui recommande de ne pas paniquer, de rester concentré et de bien suivre son chemin. Ainsi, lorsque le paquebot *Pax* sortit du port, il reçut toutes les recommandations d'usage. Du coup, une fois au large, *Pax* était stressé. Il filait à toute vapeur tout en regardant partout s'il n'y avait pas de roc sur sa route. Il s'alertait à chaque fois qu'un nuage noir planait dans le ciel car il avait peur qu'une tempête n'arrive. À chaque nuage, sa crainte augmentait.

*(pause)*

Chaque fois, *Pax* imaginait que le nuage allait grossir, jusqu'à remplir le ciel et tout noircir. Le moindre petit nuage devenait un ennemi à combattre. Il n'était jamais vraiment tranquille et c'était bien fatigant.

*(pause)*

Il gardait en tête qu'il devait arriver à temps sur le rivage lointain où toute sa cargaison était attendue. Il transportait de l'argent, de l'or et bien d'autres choses de valeur. Et s'il se perdait ?

*Pax* craignait de ne pas trouver sa voie et de décevoir tous ceux qui avaient confiance en lui. Alors, quand la mer se mit à s'agiter, il prit peur, commença à divaguer et tanguer. Il accéléra en se disant : « Il faut que j'y arrive à tout prix. » Il mit la pression au maximum, submergé par des moments de doute : « Je ne vais pas pouvoir y arriver ! »

*(pause)*

Il n'arrivait plus à se contrôler et avait l'impression qu'il ne pourrait plus lutter contre l'ouragan. C'est à ce moment qu'il croisa un autre paquebot qui naviguait doucement sur l'océan. *Pax* était interloqué : « Comment fais-tu pour ne pas être bouleversé ? » demanda-t-il. Le second bateau lui répondit qu'il n'y avait pas de raison d'avoir peur puisqu'il suffisait de se laisser flotter. En l'entendant parler ainsi, *Pax* relâcha la pression et se calma.

*(pause)*

Il s'aperçut alors que son fameux nuage noir dont il avait eu si peur était en fait plutôt blanc que gris et que l'ouragan qu'il craignait tant n'était qu'un peu de vent qui agitait gentiment la mer.

*(pause)*

À ce moment, *Pax* comprit la plus grande leçon de sa vie : rien ne sert de mettre la pression, il vaut mieux flotter en faisant confiance aux vagues qui guident dans le bon sens.

Tout en prenant le temps de se détendre et de s'amuser en mer, *Pax* arriva à bon port, applaudi par tous ceux qui l'attendaient.

*(pause)*

Depuis, *Pax* est le plus tranquille des paquebots. Et dès qu'un nuage noir arrive dans le ciel, il se relaxe.

Il sait qu'il a assez de force pour se maintenir sur l'eau et garder le cap.

# 4

# Quand les parents se séparent

## Comprendre ce qui lui arrive

Le divorce ou la séparation sont, pour toute la famille, une rude épreuve à surmonter. C'est un événement stressant, dont la décision a été mûrie pendant une période parfois assombrie de doutes, disputes, colères, pleurs, etc. Quand c'est le cas, le verdict résonne comme un soulagement pour tous… Mais, même si la décision de séparation a le mérite de verbaliser la fin du couple, cette période est accompagnée d'émotions douloureuses. L'un des deux peut se sentir abandonné, trahi, rejeté, coupable, minable, triste… La durée de ce passage dépend de la capacité des parents à se reconstruire. Elle peut aller de quelques mois à… des années.

## L'ENFANT SE SENT DÉSARMÉ, C'EST NORMAL

L'enfant suit le rythme émotionnel des parents. Aussi, il est important que les adultes parviennent à dépasser cette épreuve pour que leur enfant y arrive aussi. Il est naturel que l'enfant soit effondré quand la séparation devient concrète. Mille questions émergent en lui : « Que vais-je devenir ? », « vais-je m'en sortir ? », « puis-je encore espérer aimer et être aimé ? », etc. Vécu comme une souffrance, le divorce devient un fardeau qui écrase, réduit et ferme la route.

## FAIRE LE POINT POUR APPRENDRE : IL EST POSSIBLE DE S'EN SORTIR ET, POURQUOI PAS, D'ALLER MIEUX QU'AVANT

Il est bien dommage que l'on ne réussisse pas plus souvent à vivre cette épreuve comme une ouverture vers une nouvelle route. Il serait en effet plus constructif de se servir de ce passage pour évoluer et diriger sa vie autrement. C'est le moment de se remettre en question : comprendre pourquoi on a choisi cette personne et se demander si on n'a pas déjà connu le même type d'expérience, histoire d'éviter d'autres répétitions dans le futur et de choisir un être plus adapté à ce que l'on souhaite vraiment vivre. Tous ces questionnements permettent de ne pas se sentir victime et de prendre un peu plus en main les rênes de sa vie. L'enseignement que vous recevez en dépassant la rupture est tout aussi bénéfique pour vous que pour votre enfant. Quelle leçon, en effet. Car lorsque le conflit est résolu, il devient témoin d'une transformation positive. Il enregistre inconsciemment que, même lors d'épisodes qui semblent insurmontables, il est possible de s'en sortir et, pourquoi pas, d'aller mieux qu'avant.

## IL N'Y A PAS D'« ÂGE IDÉAL »

Pour la majorité des enfants, la rupture du couple est éprouvante sans être obligatoirement traumatisante. Il arrive à l'enfant de régresser, réclamer plus votre présence, montrer des signes de tristesse, de stress ou de désobéissance. Certains de mes collègues croient que les périodes les plus délicates se situent avant 6 ans et à l'adolescence. Je ne pense pas qu'il y ait un « âge idéal » pour divorcer. Quoi qu'il soit illusoire d'attendre le « bon moment », cette attente a le mérite de susciter un temps de réflexion. Et c'est important car il serait dommageable d'annoncer à votre enfant une séparation qui ne se ferait pas.

Néanmoins, quel que soit leur âge, les enfants ont besoin d'être entourés et de comprendre ce qui se passe en conservant le soutien de leurs parents, plus qu'à n'importe quel autre moment de leur croissance. Si, malgré les conseils qui vous sont donnés ci-après, votre enfant montre des signes de mal-être et que vous n'arrivez pas à vous remettre de votre rupture, n'hésitez pas à demander conseil auprès d'un thérapeute.

## Mes conseils

### DITES-LUI CE QUI SE PASSE

Votre décision est prise ? Vraiment ? Alors, dites-le à votre enfant. Certains parents pensent que l'enfant est trop petit, qu'il ne comprendra pas. Croyez bien que les petits ont de véritables antennes. Ils captent tout l'univers émotionnel de la maisonnée ! Alors, il est préférable de lui dire la vérité. Il ressent le message : « Quelque chose ne va pas bien à la maison. » Alors, si vous lui dites : « Tout va bien » ou « il n'y a rien », ce message oral, totalement incompatible avec le message qu'il a reçu sur le plan émotionnel, peut déclencher un état de confusion chez votre enfant. Qui risque de plus de ne plus faire confiance à ses ressentis (je croyais que mes parents étaient malheureux, mais ils disent que c'est faux, donc je ne dois plus me fier à ce que je ressens).

Ainsi, dès que vous êtes sûr de rompre, ou bien s'il pose la question, il est préférable de lui dire qu'en effet, vous allez vous séparer. Si vous pouvez l'annoncer avec l'autre parent, c'est encore mieux. Et s'il y a d'autres enfants, prévenez-les tous en même temps. Ne leur faites pas espérer une éventuelle réconciliation (« peut-être que ça s'arrangera plus tard, on verra »). Les enfants ont besoin de clarté. Ils parviendront plus facilement à gérer les difficultés si tout est clair. Ils arriveront à faire le deuil de la famille telle qu'ils l'ont vécue jusqu'alors. Faites attention de ne pas « charger » l'autre (« tout ça, c'est à cause de ton père » ou « ta mère veut que je m'en aille »). Ce n'est pas à votre enfant de gérer vos émotions. Il va déjà avoir assez à gérer avec les siennes !

## SOYEZ À L'ÉCOUTE DE SES ÉMOTIONS ET AIDEZ-LE À VERBALISER

Nul besoin de raconter vos différends à votre enfant. Les raisons intimes de la séparation concernent juste les deux adultes. Dites les choses simplement et avec des mots qu'il peut comprendre. Les détails sont inutiles.

Encouragez (sans insister) votre petit à parler et à dire ce qu'il ressent. Il est possible que votre enfant pleure ou vous dise qu'il est triste. Ne minimisez pas ses émotions, ne les niez pas. Au contraire, accueillez-les. Dites-lui qu'il est bien normal pour un enfant d'être triste ou en colère dans cette situation. Une fois verbalisées, ses peurs et ses douleurs pourront être mises à distance et dépassées.

### DÉCULPABILISEZ-LE

Sans donner les détails de votre rupture, il faut tout de même que l'enfant sache que vous vous séparez pour des raisons qui ne le concernent pas directement. Il suffit de dire que la vie n'est plus possible entre vous, que vous avez décidé de vivre séparés pour que le climat soit meilleur. Surtout rassurez-le : « Tu n'y es absolument pour rien, c'est une histoire d'adultes. » Cette phrase permet de déculpabiliser l'enfant qui a tendance à penser que ses parents se séparent à cause de son mauvais comportement. Il risquerait de garder ce sentiment négatif pendant un bon bout de temps. Il est possible que votre tout-petit vous demande à ce moment, ou plus tard, s'il peut faire quelque chose pour que vous soyez à nouveau en couple. Éclairez-le en répondant qu'il ne peut rien faire puisque cette histoire doit être réglée par les parents.

Ajoutez que les adultes peuvent se séparer et s'aimer moins. Mais que l'enfant qu'ils ont eu ensemble, ils le chériront pour toujours, même séparés. Les enfants ont besoin de cette certitude. Savoir qu'ils seront toujours aimés par les deux parents, qu'ils ne seront pas, eux aussi, rejetés dans leur besoin d'amour… S'il vous pose des questions quant à son statut futur (avec qui il va habiter, comment cela va se passer), répondez clairement. Le mieux, bien entendu, est de trouver un accord avec l'autre parent… Qu'il y ait un pilier commun stable entre vous deux pour tout ce qui le concerne.

### N'AJOUTEZ PAS D'AUTRES CHANGEMENTS

L'annonce d'une séparation proche ou lointaine est assez désarçonnante. Évitez d'autres changements dans la vie de votre enfant. Faites en sorte que l'emploi du temps de ses activités reste inchangé pendant plusieurs mois. Ce sont ses repères, il en a besoin. Dans la mesure du possible, ne le changez pas d'école dans les mois qui suivent. Si cela s'avère nécessaire, attendez la rentrée suivante.

## MAINTENEZ LE LIEN AVEC L'AUTRE PARENT

Encore une fois, efforcez-vous de ne pas dire du mal de votre ex, même si cela vous démange. Quoi qu'il ait fait, votre partenaire ne doit pas être réduit à un être vil et dangereux aux yeux de votre enfant. Réservez votre tristesse ou votre colère à des amis proches qui sauront l'entendre. Ou bien au thérapeute qui vous suit. Faites en sorte que votre petit puisse voir régulièrement ses deux parents. Que vous puissiez échanger ensemble à son sujet est aussi un élément positif. Il est important que votre enfant sente qu'il est toujours l'objet de toute votre attention et que les décisions qui le concernent sont toujours prises à deux.

## PAS DE MENSONGE

Lorsque votre enfant vous demande si vous êtes triste, répondez-lui honnêtement. Sans vous attarder sur vos émotions. De toute façon, si vous avez pleuré, il s'en rendra bien compte. Les enfants sentent les émotions mieux qu'on ne l'imagine. Pas besoin de tricher ou de lui lancer un « non, tout va bien » alors que non tout ne va pas bien assurément. Pour le rassurer, expliquez-lui que c'est un passage. Que, dans la vie, il y a des moments difficiles mais qu'ensuite on en vit d'autres plus gais. Projetez-le (et projetez-vous) dans des moments à venir plus agréables : une sortie avec ses copains, son anniversaire qui sera fêté deux fois, les prochaines vacances, ou simplement un bon film que vous irez voir tous les deux, etc. Ces éclaircies lui permettront de mieux se remettre de la séparation.

## **Son exercice de visualisation**
pour se projeter positivement dans l'avenir

« MA PORTE DU FUTUR »

C'est sa porte du futur pour créer ce qu'il aime. Cet exercice l'aide à se visualiser de manière positive dans un futur proche : en train de jouer, de fêter son anniversaire avec des copains, en vacances avec vous, lors de la galette des rois avec ses grands-parents. Dans un mois, trois mois, six mois… Soit dans la même maison si vous êtes certain qu'il y reste, soit ailleurs dans un endroit connu (chez mamie, à l'école, etc.).

Le temps n'est une réalité que pour notre vie consciente de tous les jours. L'inconscient se fiche du temps. Passé, présent et futur n'existent pas vraiment pour lui. Alors jouons avec cette illusion temporelle en envoyant à l'inconscient des messages positifs qui se dérouleront dans l'avenir, mais seront déjà en germe dans son présent.

Restez le plus vague possible pour ne pas l'influencer. Il peut vous dire ce qu'il visualise, ce qu'il vit. Ou pas. Vous pouvez aussi dire que vous aussi allez vous visualiser dans quelque temps (c'est un bon exercice pour vous aussi !). Vous échangerez ensuite vos ressentis.

• « Maintenant, en fermant les yeux, tu vas pouvoir emprunter la porte du futur. C'est une porte que tu peux visualiser. Pour chacun, cette porte est différente. Elle peut être petite, grande, brillante, colorée, transparente. Toi seul sais que c'est TA porte du futur. Tu la vois ? »

• Quand l'enfant répond affirmativement, ajoutez : « Maintenant, passe cette porte pour te retrouver dans trois mois (ou une semaine, un mois, ou plus…) dans un moment très agréable. C'est peut-être une fête, ou des vacances, ou une activité qui te fait plaisir. Je me demande si tu te retrouves à la maison ou à l'école, ou bien encore ailleurs, dans un endroit que tu connais déjà ou pas ?

*(Attendez sa réponse pour continuer.)*

Une fois que votre enfant vous décrit l'endroit, demandez-lui s'il y a des gens autour de lui. Puis de se centrer sur ce qui lui fait le plus plaisir.

• Et ajoutez : « Pendant que tu vis cela, une partie de toi se rappelle tout ce que tu aimes vivre et tout ce qui te permet de vivre cela dans le futur. Alors prends ton temps pour le vivre en sachant que tu le programmes parce que tu es content de vivre cela. Quand tu auras fini, tu pourras revenir dans le présent en passant à nouveau par la porte à ta manière et à la vitesse que tu souhaites. »

## **Un conte**
## pour mieux vivre les ruptures

D'UN NUAGE À L'AUTRE

Dans un pays très lointain, il y a des oiseaux magnifiques qu'on appelle les timilis. Ils sont très colorés, malins et savent toujours trouver ce qui est bon pour eux. Ainsi ils adoptent des nuages qui les portent et les cajolent, ce qui est drôlement agréable. Parmi les timilis, il y a Rio, un timili plus petit que les autres mais tout aussi futé car la malice n'a rien à voir avec l'âge ou la taille ! Et cette histoire le prouve.

Rio passait son temps entre deux nuages qu'il adorait et dont il ne pouvait pas se passer. Sur le premier nuage, il aimait se reposer car c'était tranquille et douillet. Ce nuage était tout mauve, tout gonflé comme une bonne couette contre laquelle Rio aimait se blottir et savourer le temps qui passe. Le second nuage était juste à côté, il était d'un joli gris pour faire de la pluie quand c'était nécessaire. Parfois il était plat et tendu, parfois gonflé de pluie avant le mauvais temps. Ce que Rio aimait dans ce nuage-là, c'est qu'il était un peu comme un trampoline. Il pouvait sautiller et rebondir dessus.

Rio passait sa vie sur les deux nuages et ne voyait pas le temps filer. Des fois il faisait beau, il sautait partout et se reposait ensuite au soleil, il adorait ça. Et puis d'autres fois, quand les nuages traversaient les tempêtes, il faisait de plus en plus gris et après il pleuvait beaucoup. Alors Rio se blottissait et attendait que ça passe. Mais même quand il faisait mauvais temps, Rio se disait qu'il ne changerait en rien ses deux nuages. Il vivait ainsi heureux jusqu'au jour où les nuages l'ont réveillé pour lui annoncer une terrible nouvelle.

*(pause)*

Les choses ont changé et ils doivent maintenant aller dans deux directions différentes. Le nuage mauve doit aller au nord, et le nuage gris au sud, là où on manque d'eau. Rio allait devoir choisir l'un des nuages.

Rio était désemparé. Au début, il ne sut pas quoi dire. Puis il pleura, comme le nuage gris. Il n'avait plus goût à rien, ni à se reposer, ni à jouer. Il était triste. Et à d'autres moments, il était en colère. Il trouvait ça injuste que ce soit justement ses deux nuages à lui qui doivent changer de route ! « C'est injuste répétait-il, injuste. »

*(pause)*

Les deux nuages aussi étaient malheureux. Ils avaient de la peine car ils aimaient tant Rio. Tous ensemble ils cherchaient une solution.

*(pause)*

Elle fut trouvée par un grand timili qui passait par là. Voyant tout ce petit monde triste, il avait compris la situation. Il leur confia que lui aussi avait eu le même problème quelques années auparavant et qu'il l'avait résolu. Tous l'écoutaient avec attention.

*(pause)*

« Voilà, exposa le grand timili, il suffit que Rio vole de l'un à l'autre. Au début ça paraît difficile, parce qu'il faut changer d'endroit et puis s'adapter à des pays différents, mais après, tu verras, Rio, c'est amusant. »

*(pause)*

Rio se dit que c'était une bonne idée. Et c'est ainsi qu'il découvrit tous les pays du Sud sur un nuage et tous les pays du Nord sur l'autre. Des journées ensoleillées, des journées pluvieuses. Le grand timili avait raison, que de découvertes ! Tout en sachant que les nuages étaient là, à portée d'aile.

Depuis Rio sait mieux voler que les autres. Il est devenu grand et fort, il connaît bien toutes les parties du monde et est fier car il se débrouille tellement mieux que tous les autres oiseaux.

# 5

# Il a des problèmes de sommeil

## Comprendre ce qui lui arrive

On le sait, l'enfant a besoin de dormir. Un bon sommeil est nécessaire pour grandir : les hormones secrétées dans cet état participent à sa croissance. Toutefois, tous les enfants peuvent, à telle ou telle période, voir apparaître des troubles du sommeil. Soit à l'endormissement – nous avons abordé ce point dans « Il a peur du noir et des monstres », pages 63 et s. –, soit dans la nuit à travers des cauchemars et des terreurs nocturnes.

### LES PHASES DU SOMMEIL

Pour bien comprendre la différence entre ces deux troubles, il est préférable de comprendre les différentes phases du sommeil.

Le sommeil comporte la répétition de plusieurs cycles de cinq phases. La première phase est l'endormissement. La seconde correspond au sommeil léger. Les phases suivantes sont celles du sommeil profond (III) et très profond (IV). L'activité cervicale diminue alors. Elle est constituée d'ondes lentes (delta) mais le tonus musculaire est en activité. Enfin, la dernière phase, qu'on appelle « sommeil paradoxal », dure environ 20 minutes. Le cerveau a une activité intense, ce qui procure des mouvements oculaires rapides en rapport avec l'intensité des rêves. Toutefois, le reste du corps est détendu, contrairement à l'activité cérébrale qui est proche de celle de l'éveil (c'est cela qui est paradoxal). Cette période s'allonge au fur et à mesure que la nuit avance. Ainsi, ces dernières phases prennent plus d'importance au cours du sommeil. En règle générale, on enchaîne ces différentes phases toute la nuit sur des cycles de 90 minutes environ.

### LES CAUCHEMARS

Si votre enfant fait des cauchemars, sachez que c'est un phénomène naturel que nous connaissons aussi adultes. Ils surviennent particulièrement lors des phases du sommeil paradoxal, quand la nuit est déjà bien avancée et que l'activité du cerveau est intense. Ces rêves effraient par leur contenu. Les enfants sont en proie aux cauchemars à partir d'un an. Ils peuvent être assez fréquents chez certains enfants entre 2 et 5 ans, s'estomper un peu ensuite, puis revenir à nouveau autour de la 10e année.

### DES ANGOISSES QUI LE « TRAVAILLENT »

Ces mauvais rêves sont le fruit d'un travail inconscient qui reconstitue les peurs diurnes à la suite d'une lecture ou d'un film (le loup du dessin animé, les dessins d'un dragon, etc.) ou des conflits vécus intérieurement dans le quotidien (papa qui hausse la voix, grand frère qui le tape, etc.).

Ainsi, lors de passages importants (rentrée à l'école, déménagement, arrivée d'un petit frère), il est bien normal que des angoisses « travaillent » l'enfant la nuit. Grâce à ces mauvais rêves, l'enfant peut évacuer les tensions et traiter les conflits, les doutes, les frustrations qu'il rencontre au cours de son évolution. Il est compréhensible que l'enfant prenne peur en se réveillant de son cauchemar et en s'en souvenant et qu'il vous appelle pour vous en avertir.

### LES TERREURS NOCTURNES

Dans les terreurs nocturnes, à la différence des cauchemars, l'enfant continue de dormir tout en criant et en s'agitant pendant quelques minutes (parfois jusqu'à 20 minutes). En général, à son réveil, il ne sait plus pourquoi il avait peur. Ce phénomène surgit plus particulièrement en début de sommeil et durant la phase IV du sommeil profond (comme le somnambulisme).

### L'ENFANT EST ENCORE « AILLEURS »

Plus courants qu'on ne croit, ces phénomènes sont assez éprouvants pour le parent qui voit son enfant grimacer de peur, répondre aux questions les yeux ouverts sans pourtant reconnaître son entourage proche. En effet, l'enfant est encore dans son rêve à ce moment-là et, même s'il a les yeux ouverts, pour lui, c'est comme si vous étiez absent. Un peu comme un somnambule qui arrive à s'activer dans le réel tout en restant dans son rêve. Ces terreurs surviennent souvent lors d'une période de tourmente, alors que l'enfant est préoccupé. Elles disparaissent totalement vers 12 ans.

## Mes conseils après un cauchemar

### CALMEZ-LE

Si vous l'entendez crier ou pleurer lors d'un cauchemar, il y a de fortes chances pour qu'il vous ait déjà appelé pour être rassuré. Le mieux est d'aller le voir dans sa chambre, le prendre dans vos bras et lui parler doucement, calmement. Ne prenez pas un air affolé (même si les cauchemars reviennent souvent). Sentir votre angoisse ne ferait que l'alarmer davantage.

### EN PARLANT, IL MET DE LA DISTANCE

Demandez-lui de vous raconter son cauchemar afin qu'il mette de la distance entre la réalité et ce qu'il a vécu en rêve. Continuez de l'apaiser le temps que tout rentre dans l'ordre. Il devrait se rendormir. Dans la journée, reparlez-lui de son cauchemar. Si celui-ci est lié à un film ou un livre, regardez avec lui ce qui lui fait peur. Et rassurez-le : il est bien normal de faire des cauchemars à son âge quand on a peur. À partir de 3 ans, l'enfant parvient à différencier cette image imaginaire qui fait peur de la réalité. Il sait que ce qu'il a vu n'existe pas vraiment, mais l'image l'effraie et il a peur de la retrouver s'il se rendort.

### IL SE DÉBARRASSE DE SON CAUCHEMAR

S'il est en âge de dessiner, demandez-lui de dessiner son mauvais rêve. Cela lui permettra de prendre de la distance par rapport à sa peur et de rendre son cauchemar plus concret. Ainsi, il pourra ensuite le faire disparaître en le déchirant ou en le jetant, comme on liquide quelque chose que l'on n'a plus envie de voir (uniquement si l'enfant est en accord avec cet acte). Vous pouvez accompagner son geste d'un « Et bien, bon débarras ! » ou « Voilà, tu as bien fait, bravo ! ».

Votre enfant va ainsi apprendre à contrôler ses peurs. Si les cauchemars tournent autour d'un thème précis – ce qui arrive quand il y a, par exemple, un conflit avec la fratrie, une jalousie, ou encore lorsque la famille vient de traverser un moment stressant (déménagement, maladie, deuil, etc.) –, parlez ensemble de ce qui le préoccupe et rassurez-le : « Maintenant tout va bien (ou tout ira bien). »

### QUELQUES ASTUCES POUR CONTRER LES FUTURS CAUCHEMARS

Quelques autres petits « trucs » peuvent aider votre petit : les attrape-rêves amérindiens par exemple. Vous pouvez en fabriquer un vous-même en expliquant à votre enfant que cette construction va bloquer l'arrivée des cauchemars pour le laisser dormir en paix. Une autre idée consiste à marquer sur un papier « bonne nuit » avec un beau dessin que l'enfant place, comme un gri-gri, soit sous son oreiller, soit sur sa table de nuit.

## Mes conseils après une terreur nocturne

NE LE RÉVEILLEZ PAS

Lorsque vous l'entendez crier ou pleurer, si vous vous apercevez qu'il s'agite en plein sommeil, restez près de lui sans le réveiller et en lui disant tout bas que vous êtes là. Votre présence le réconforte, même s'il est dans un autre espace-temps. Ne le réveillez pas pour lui demander ce qu'il est en train de vivre. Après sa période d'agitation nocturne, votre petit va reprendre le cours de sa nuit comme si de rien n'était… Au matin, il ne se souviendra toujours de rien. Vous pouvez lui dire que vous avez entendu qu'il faisait un cauchemar, que vous êtes venu le voir mais que, comme il dormait, vous avez préféré rester juste à côté de lui le temps qu'il se calme.

NE LE FORCEZ PAS À RACONTER

S'il ne se souvient plus de son cauchemar (ce qui est fréquent en cas de terreur nocturne), n'insistez pas. Votre insistance pourrait être mal interprétée et créer une confusion chez votre enfant : pourquoi maman est-elle angoissée ? Pourquoi est-ce que je ne me rappelle rien ?

Si les terreurs nocturnes se répètent, préoccupez-vous de savoir si tout va bien (avec ses copains, à l'école etc.). Aidez-le à verbaliser, est-ce que quelque chose le gêne au quotidien ? Le fait de vous en parler devrait apaiser son trouble et lui permettre de retrouver un bon sommeil.

## **Son exercice de visualisation** pour filtrer les rêves

« MA BULLE DE SOMMEIL »

Cette visualisation permet de créer une bulle de protection tout autour de l'enfant, pour qu'il se sente protégé toute la nuit et dorme bien. L'inconscient enregistre qu'un espace de sécurité et de bien-être entoure l'enfant pour le rassurer et l'apaiser. Une fois installés tous les deux, vous n'aurez plus qu'à incite doucement votre enfant à « se mettre dans sa bulle de sommeil » en lui rappelant que sa partie-qui-sait-tout va s'occuper de tout pendant la nuit et installer la bulle, même quand il oublie, afin de lui permettre de bien dormir sans laisser entrer les cauchemars qui resteront à l'extérieur de la bulle.

• « Ferme les yeux et imagine qu'il y a une bulle qui vient t'entourer pour bien te protéger toute la nuit quand tu dors. Laisse la bulle venir à la vitesse qui est la bonne vitesse pour toi. Peut-être que c'est rapide, peut-être que c'est lent, peu importe, on a tout notre temps ! Et quand la bulle est là, regarde si c'est de l'air, de la vapeur, si elle ressemble à une bulle de savon ou à autre chose. »

*(Attendez sa réponse.)*

• Quand il perçoit la bulle, ajoutez : « Peut-être que tu vois sa couleur ? Je me demande si elle est bleue, ou blanche, ou dorée, ou d'une autre couleur (il vous dira sa couleur… ou pas). C'est une bulle qui protège, et c'est drôlement agréable de savoir qu'une bulle s'occupe de tout pendant que tu dors paisiblement toute la nuit. Et la bulle va filtrer tous les rêves pour que tu puisses profiter des beaux rêves, ceux qui te font plaisir. Les autres rêves resteront à la porte de la bulle sans que tu t'en aperçoives. Comme ça, tu pourras dormir tranquillement toutes les nuits, grâce à ta bulle de sommeil. »

• « Une partie de toi va se rappeler cette bulle qui te permet de dormir tranquillement toutes les nuits et de te réveiller en pleine forme le matin. Cette partie de toi va pouvoir appeler la bulle tous les soirs, même quand tu oublies, c'est bien pratique. »

## **Un conte** pour ne plus avoir peur des cauchemars

### Les flèches de la forêt Nocia

Godin était un jeune garçon qui se posait des tas de questions. Pourquoi ne tombe-t-on pas quand la Terre tourne ? Pourquoi ne voit-on pas le Soleil la nuit puisqu'il brille toujours quelque part ? Et ses parents savaient répondre à ces questions.

En revanche, ils ne savaient pas quoi dire quand leur enfant leur parlait de la forêt Nocia. Ce qui étonnait Godin. Pourquoi personne ne pouvait lui dire ce qui se passait à Nocia ? C'était étrange, tout autant que cet endroit. Il faut dire que Nocia avait de quoi surprendre ! Quand les villageois y allaient, ils étaient heureux et angoissés en même temps. On disait qu'on trouvait tout ce dont on avait besoin à Nocia. Un ami lui avait dit : « C'est comme un supermarché des pensées et des idées. » Il paraît que certaines personnes en étaient revenues avec des idées de jeux, des solutions de problèmes, des inventions.

Godin, qui était un enfant intelligent et curieux de tout, fit des mains et des pieds pour qu'on le conduise dans ce lieu. Une fois là-bas, il fut déçu. Il y avait des arbres, des arbres et des arbres. Des plantes aussi, bien sûr. Mais rien ne s'y passait d'extraordinaire. Jusqu'au moment où une flèche lui frôla l'épaule.

*(pause)*

Vite il se sauva et se réfugia auprès de ses parents qui étaient tout près. Haletant, le cœur battant, angoissé. Il espérait ne plus jamais retourner dans cet endroit de malheur.

*(pause)*

Le lendemain, il en reparla à ses parents. Eux regrettaient de l'y avoir emmené. Godin avait été si impressionné par la flèche. Ils se dirent que c'était le moment pour lui dire que parfois Nocia pouvait faire peur et pourtant que, sans cette forêt, le monde serait sans création, sans nouveauté.

Godin apprit que son père avait reçu une flèche petit, et sa mère aussi, au même âge que lui. « Il ne faut pas en avoir peur, lui expliquaient ses parents. Même si les flèches effraient au début, il suffit à un moment donné de les oublier pour prendre dans cet endroit uniquement ce qui est bon. »

*(pause)*

Godin se demandait pourquoi personne ne savait d'où provenaient ces flèches. Il fallait les accepter, voilà tout. Accepter sans plus d'éclaircissements ne suffisait pas à Godin dont la curiosité avait été renforcée par ce que ses parents venaient de lui expliquer. Il décida d'y retourner tout seul le jour même. Il s'arma d'une lampe de poche, car il faisait toujours sombre à Nocia, respira un bon coup et entra dans la forêt inconnue.

Il avait peur, tu t'en doutes…

*(pause)*

… mais il avait tellement envie de trouver, comme certains grands, de bonnes idées, des découvertes.

*(pause)*

Il commença à pénétrer dans cette forêt qui était comme endormie. Tout était silencieux, pas un bruit. Sa lumière guidait ses pas. Il marchait tout doucement, lentement. Il commençait à se détendre et s'apercevait que les plantes étaient étendues à chaque branche et que les animaux de la forêt étaient tous endormis.

*(pause)*

Soudain, alors qu'il ne s'y attendait plus, la flèche frôla son oreille droite et se planta dans un arbre plus loin. Il fit taire sa peur et courut vers la flèche. Et c'est là qu'il trouva sa première idée : il allait appeler ceux qui lançaient les flèches ! Il appela si fort qu'une seconde flèche frôla sa jambe droite pour se planter dans un arbre placé encore plus loin. Et là, sans savoir pourquoi, car il avait déjà des découvertes plein la tête, il se dirigea vers un beau massif de fleurs qui dormait là. Il écarta les fleurs et rencontra ces petits êtres de la forêt. Ils étaient plutôt mignons, tout petits, joufflus, coiffés d'un petit chapeau-fleur. Godin se détendit.

*(pause)*

Ils lui expliquèrent qu'ils se cachaient pour ne pas faire peur. Leurs flèches servaient à montrer la route vers les découvertes. Et pour chacun le chemin était différent. « C'est pour mieux vous diriger vers les bonnes solutions ! »

Ils firent la fête à Godin car c'était la première fois qu'un petit d'homme avait eu le courage d'arriver jusqu'à eux. Depuis, Godin en parle à tout le monde. Certains disent qu'il a rêvé. Godin sait bien ce qu'il dit. Il les a bien vus ces petits êtres mignons. Et maintenant, il retourne sans crainte dans la forêt de Nocia.

*(pause)*

Il sait désormais qu'il n'a rien à y craindre et qu'il y trouvera toujours ce qu'il cherche, avec ou sans flèche.

# 6

# Il se met en colère

## Comprendre ce qui lui arrive

### LA COLÈRE N'EST PAS L'IMPULSIVITÉ

Chaque enfant a son tempérament. On le voit dès le plus jeune âge. Il y a ceux qui sont zen et ceux qui gigotent sans cesse. Personne ne peut prédire de leur évolution. Certains vont devenir dissipés, d'autres hyperactifs, fonceurs, d'autres s'assagir… Cela dépendra aussi de l'interaction avec les parents. Une maman qui souhaitait avoir un garçon sage et tendre supportera difficilement son agitation. À force d'être réprimandé, ce dernier peut refouler ou, à l'inverse, renforcer sa colère qui est sa manière d'exprimer son anxiété.

Il faut donc distinguer la colère de l'impulsivité. Certains petits sont naturellement frétillants, prêts à remuer, bondir. C'est sans doute usant pour les parents, mais il va bien falloir faire avec ce caractère-là, même quand on a envie d'enfants calmes et sages comme des images…

## IL S'OPPOSE, C'EST NORMAL

Cela étant dit, même avec les enfants sages, les parents sont tous confrontés un jour à la période d'opposition qui commence aux alentours de deux ans. À cet âge, votre petit a déjà fait bien des progrès vers l'autonomie : il a appris à marcher, à manger, à être propre, à parler. Voilà maintenant qu'il souhaite être entendu. Il a des avis, des désirs et a bien l'intention d'être satisfait ! Pendant cette période du « non » qui dure un ou deux ans, il réclame et montre son opposition. C'est une phase importante car l'enfant, de plus en plus, se construit, s'autonomise et se différencie de ses parents.

## GÉRER LA FRUSTRATION

Mais impossible d'accéder à toutes ses demandes : il doit apprendre à gérer sa frustration. Cela lui sera bien utile au fil de sa vie.

Quand on accède à ses requêtes, tout va pour le mieux. Il a l'impression de gagner la partie. Dans ce cas, il est bon de poser quand même le cadre : « OK, tu as le droit de jouer à ce jeu pendant que je prépare le dîner. Mais quand ce sera l'heure d'aller à table, il faudra arrêter. »

Mais d'autres demandes sont nocives pour lui (rester scotché devant la télévision ou à un jeu vidéo, grignoter du sucré juste avant de passer à table, vouloir se coucher tard, etc.). Alors, quand on lui refuse quelque chose, il peut taper du pied, fusiller du regard, insister jusqu'à ce qu'on lui cède ou hurler de colère. Il faut lui expliquer pourquoi sa demande est rejetée.

S'il continue à crier ou s'énerver, laissez-le exprimer sa colère. Dites-lui que vous comprenez et qu'il a été entendu. Mais réaffirmez qu'il vous est impossible de céder : ce sont les règles. Il peut s'énerver, c'est comme ça, il y a des règles familiales, des règles sociales, etc. (qu'il est bon de rappeler régulièrement…).

## Mes conseils

### LES « RÈGLES DE LA MAISON »

En tant que parent, vous êtes le référent, celui qui connaît les règles de la société et celles de la maison pour que tout le monde y vive en bonne harmonie. Votre devoir est de lui enseigner des règles claires. On ne frappe pas, on ne mange pas de bonbon avant de dîner, on se couche à 20 heures, etc. Il est évident que ces règles doivent être répétées et répétées, ce qui lasse certains parents. Fatigués après une journée de labeur, ils ont l'impression l'espace d'un soir, d'un week-end, qu'ils peuvent faire une entorse au règlement. Oui, mais avec parcimonie et prudence, car un relâchement devient vite signe d'insécurité : « Ce que je croyais être une règle importante peut être transgressé à loisir ? Qu'en est-il des autres règles ? » Si vos enfants sont assez grands pour lire, inscrivez les règles sur un papier que vous laisserez en évidence. Sur le réfrigérateur, dans l'entrée, dans le salon…

### UN CADRE FERME

Vos règles sont claires et posées ? Alors tenez-vous-y ! Même si vous ne le percevez pas ainsi, sachez que les enfants désirent avant tout un cadre ferme. Dites-vous que c'est un peu son travail d'enfant de chercher la faille, l'endroit où ça va craquer… Les enfants ont toujours besoin de tester les limites pour voir si elles sont solides. Alors il vous titille, vous cherche. Pas de bonbon avant le dîner ? Chaque soir, il vous réclame dix fois, cent fois un bonbon.

Vous avez beau répéter que non, il pleure, il crie, ce qui vous épuise. Et il vous assène le coup final : « Tu ne m'aimes pas. » Attention de ne pas craquer ! Rappelez-vous qu'il a besoin de ce cadre ferme pour grandir. Vous verrez qu'il va intégrer cette règle, pour passer à une autre. En revanche, si vous craquez, il faut tout recommencer. Car il apprend vite. Il a bien saisi que plus il insiste et plus il a de chances d'obtenir ce qu'il souhaite, puisque vous avez cédé une fois. C'est pourquoi c'est toujours plus difficile et plus long pour les parents qui lâchent prise facilement. L'enfant a en mémoire toutes les digues abattues. Il faut être patient et ne pas céder sur votre cadre. Ressortez la liste, montrez-la-lui pour lui rappeler ses engagements.

Pour vous aider, accrochez le dessin d'un cadre quelque part dans la maison (ou visualisez-le) pour vous donner du courage. L'image d'un cadre associé à : « C'est mieux pour lui. Ça va l'aider pour après. »

Quand votre enfant sentira que tout le cadre est vraiment solide, alors il se sentira rassuré et ne reviendra plus sur les règles de vie.

## DES RÈGLES À ÉLABORER TOUS ENSEMBLE

En grandissant, votre enfant peut avoir d'autres besoins. Il est peut-être temps d'assouplir certaines règles : retarder l'heure du coucher d'une demi-heure, jouer au jeu vidéo le samedi soir par exemple. Il peut aussi avoir des demandes précises. Dans ce cas, il est bon d'en parler avec lui, voire de les inscrire sur une feuille. Si la famille est impliquée (changer de chambre pour ne plus dormir avec le petit dernier par exemple), tout le monde participe à l'établissement de ces nouvelles règles familiales. Pensez bien à demander leur accord à votre conjoint et aux autres enfants. Et ce pour chaque point de la liste. Ne prenez pas votre enfant au dépourvu en instaurant un beau soir une nouvelle règle en fonction de ce que vous ressentez. Si les règles doivent être modifiées, parlez-en avant. Et tous ensemble. Les (mauvaises) surprises sont toujours vécues comme une injustice.

## NE LE PLAIGNEZ PAS, IL DOIT GÉRER LA FRUSTRATION

Vous pouvez avoir la tentation de céder : après tout, il est jeune et cela le rend malheureux d'être frustré. Attention, il risque d'être totalement déboussolé. Même s'il semble si sûr de lui quand il veut imposer sa loi, il est intérieurement décontenancé. Il peut aussi devenir colérique. Quoique gentil, un enfant risque de devenir un vrai tyran, criant, frappant, insultant dès qu'on lui refuse quoi que ce soit. Il est convaincu qu'on lui doit tout, qu'il peut tout faire, tout dire sans être puni. Cette angoisse de liberté est en réalité bien trop forte pour un enfant et le pousse à plus de provocation, plus de colère.

Imaginez ce qu'il fera de cette incapacité à gérer la frustration. Pourra-t-il supporter l'autorité d'un professeur ? Il arrive même que des enfants-rois ne supportent plus l'autorité sociale et imaginent qu'ils peuvent agir en toute impunité, sans se soumettre à la loi. Lors de ses colères, plutôt que d'avoir de la peine, aidez-le à gérer sa frustration en imaginant combien cela l'aidera à bien grandir.

### MAÎTRISEZ VOTRE COLÈRE

Il se peut que vous ayez besoin de calme en rentrant et que l'agitation de la maison vous pèse. Tentez de ne pas crier, mais plutôt d'organiser un temps de décompression autour d'un jeu. Votre enfant peut, par exemple, s'amuser à préparer un « apéritif de famille » en servant à chacun un sirop avec des glaçons, voire un mélange de sa spécialité. Il en profitera pour se poser avec vous et vous raconter sa journée. Les enfants aiment ce qui est régulier, cela les sécurise. Ce petit moment entre vous sera comme un sas de décompression pour vous comme pour lui, sans qu'il s'en aperçoive.

Il apprend ainsi que faire une pause n'est pas synonyme de punition mais bien de tranquillité. Vous pouvez le surprendre en fin de semaine en prévoyant une boisson différente (jus de fraise, sirop de violette...). Et si vous êtes énervé par votre travail, vous pouvez lui en parler un tout petit peu en le remerciant d'être là pour cet apéritif qui vous permet de laisser vos soucis de côté. Sentir qu'il n'est pas la cause de votre énervement le rassurera. Et puis vous lui montrez l'exemple : quand il sera énervé, il lui sera plus facile d'exprimer la raison de sa colère. En revanche, si vous vous « défoulez » tous les soirs sur lui, il trouvera cela injuste et réagira à vos assauts par de la colère, ce qui risque de vous énerver plus encore... le cercle vicieux est installé. Si vous ou votre conjoint avez tendance à crier, à vous énerver pour un rien, ce type de comportement peut devenir un langage familial, un code inconscient de communication que votre enfant intègre et reproduit. Si c'est le cas, apprenez à vous contenir pour donner l'exemple. C'est la meilleure façon d'apprendre à votre enfant à s'apaiser.

## Son exercice de visualisation
pour se calmer rapidement

« JE COLORIE MA COLÈRE »

Cet exercice transforme votre enfant en créateur de ses émotions. Ce petit jeu amusant fait appel à sa créativité et au goût qu'ont les enfants pour la peinture et les couleurs. Grâce à cet entraînement, il va associer consciemment et inconsciemment une sensation agréable à une couleur synonyme de tranquillité. Sa partie-qui-sait-tout va enregistrer cette couleur et l'exprimer dès qu'il en aura besoin, comme un peintre qui pose du bleu dans le ciel de sa toile pour signifier que tout est paisible.

• Expliquez à votre enfant qu'il a la capacité de se calmer quand il veut en modifiant sa couleur intérieure. Quand il est installé tranquillement, amenez-le à se rappeler un bon moment calme (les vacances, une partie de jeu, une baignade, un câlin comme maintenant, etc.). Dès qu'il commence à revivre ce moment du passé ou à savourer ce moment de détente avec vous dans le présent, encouragez-le à poursuivre.

• Puis, dites-lui : « Il y a une couleur pour tous les moments. Alors je me demande quelle peut être la couleur de tes pensées quand ce sont les moments de calme ? De quelles couleurs sont tes pensées maintenant ? » Dès qu'il vous donne la couleur, confiez-lui : « C'est ta couleur du calme, de la tranquillité, des temps tout doux. »

• Suggérez alors qu'il a la capacité de remplir ses pensées et son cœur, puis tout son corps, partout où il le désire pour ressentir le calme partout. Ajoutez qu'il peut recommencer à se peindre intérieurement de cette couleur du calme quand il le souhaite, même quand il est en colère, comme un peintre qui modifie la couleur de sa toile comme il veut. Il devient créateur ! Il veut essayer ? Alors qu'il se rappelle une colère. Quelle est la couleur de la colère ?

• Une fois qu'il l'a trouvée, ajoutez : « Maintenant remplace cette couleur par celle du calme et tu vas voir la différence. » Une fois qu'il a ressenti le changement, félicitez-le, puis conseillez-lui de s'en servir pour changer la couleur de ses émotions : « Une partie de toi a bien enregistré cette couleur qui fait du bien. Alors, à chaque fois que tu seras en colère, elle apportera la bonne couleur et tu pourras très vite te sentir bien. »

## **Un conte** pour s'apaiser

### La boule de billard

Il était une fois une boule de billard toute nouvelle qui se pavanait sur le tapis d'un billard américain. Elle ne ressemblait à aucune autre boule car elle était toute blanche. D'ailleurs on l'appelait BB pour Boule Blanche. Il y avait d'autres boules, mais différentes et colorées. Elles étaient jaunes, bleues, rouges ou vertes et portaient toutes un numéro dans le dos. La blanche était sans numéro. Elle se sentait libre de faire ce qu'elle voulait ! Alors dès qu'elle fut sur le tapis du billard, elle commença à taper contre les bords du jeu. Bing, paf, bing. Les autres boules la regardaient, affolées. Elles lui criaient : « Arrête ! Tu fais vraiment n'importe quoi ! Comment veux-tu qu'on puisse jouer tous ensemble ? » Mais la blanche n'écoutait rien ni personne. Elle continuait de faire ce qui lui plaisait en voyant bien à quel point elle énervait tout le monde.

*(pause)*

Les joueurs qui étaient venus s'amuser n'en revenaient pas : « Il va falloir l'arrêter, elle ne peut pas continuer comme ça, c'est invivable ! » s'écriaient-ils.

*(pause)*

Alors, les boules rouges ont essayé de faire barrage à un moment donné, mais BB fonça dans le tas et elles se retrouvèrent sur le tapis. C'était bien difficile d'arrêter cette furie ! Les bleues essayèrent la douceur, mais la blanche se moquait d'elles. On avait l'impression que BB n'arrivait pas à s'arrêter.

*(pause)*

En fait elle était de plus en plus en colère car elle avait du mal à comprendre ce qu'elle venait faire là dans ce drôle de jeu et elle avait l'impression que personne ne la comprenait.

*(pause)*

Elle en avait pourtant assez de se cogner partout, mais elle n'arrivait pas à s'exprimer autrement. Elle commençait à être bien cabossée et tellement épuisée par son agitation.

*(pause)*

C'est une boule verte qui réussit à la coincer. Enfin ! Car la verte était forte et maline. Elle expliqua à BB une chose capitale.

*(pause)*

« Tu vois chère BB, tu es un élément très important de ce jeu. Grâce à toi, nous pourrions tous jouer en harmonie ! Si tu casses tout le billard, personne ne pourra plus jouer, et en plus tu auras bien mal ! Je vais t'apprendre les règles du jeu, car apparemment personne ne te les a apprises, ou bien tu les as oubliées ! »

*(pause)*

BB écouta attentivement et comprit enfin à quel point elle avait une part essentielle dans le jeu et combien il était primordial que toutes les boules puissent s'accorder. Elle comprit qu'elle avait tout intérêt à suivre les règles si elle voulait jouer au mieux.

*(pause)*

Depuis ce jour, BB est une boule respectée. Elle suit tellement bien les règles du billard que les autres viennent même vérifier auprès d'elle si tout est en ordre sur les tables. Elle ne se frappe plus contre le tapis de jeu. Au contraire, elle roule doucement avec un pouvoir incroyable de concentration…

*(pause)*

… en pointant l'endroit exact où il faut aller. Et elle vise toujours juste !

# 7

# Il trouve que c'est injuste

## Comprendre ce qui lui arrive

### UN SENS AIGU DE LA JUSTICE

Les enfants ont un sens aigu de la justice. Ils sont même à l'affût de la moindre injustice. « C'est pas juste », « ça se fait pas ! » clament-ils à tout bout de champ. Parfois vous êtes la cause de son malheur : « Tu ne m'as pas acheté ce que je voulais ! » Parfois, c'est la maîtresse : « Elle est gentille avec tout le monde, sauf avec moi » ou même une force extérieure, comme la pluie qui reporte la sortie prévue. Il en veut au monde entier. « Pourquoi ça m'arrive à moi », pense-t-il à ce moment-là. En fait, le petit d'homme doit apprendre que tout ne lui est pas dû, que ses désirs ne sont pas des réalités. Il doit apprendre la frustration, ce qui est toujours un passage difficile à vivre.

### LA JALOUSIE

Ce sentiment prend la forme de jalousie lorsqu'il y a plusieurs enfants dans la famille. Chacun comptabilise ce qui est donné à l'autre. Et compare avec ce qu'il reçoit personnellement. Le plus petit écart est remarqué et l'enfant ne manque pas de s'en offusquer haut et fort (« Il a eu plus de câlins que moi ! », « Quand il renverse quelque chose, on ne lui dit rien, alors que moi, on me dispute tout le temps ! », « C'est toujours lui qui a la plus grosse part du dessert ! », etc.).

### IL SE PLAINT D'ÊTRE « MOINS AIMÉ »

Bien sûr, ces récriminations se poursuivent sur le terrain de l'affectif. L'enfant se sent mal aimé, ou moins aimé, il réclame plus d'attention. Parfois, ces interjections sont mal vécues par les parents qui culpabilisent tout en répondant aimer tous leurs enfants exactement pareil.

Une fausse croyance ! Car on aime tout autant ses enfants, mais différemment. En effet, tout dépend de l'interaction parent/enfant. Le parent façonne l'enfant tout autant que l'enfant façonne le parent. Les signaux envoyés par chacun modèlent une relation unique. Voilà pourquoi les enfants ont bien raison quand ils disent que les parents sont différents avec chacun de la fratrie !

Bien sûr, la jalousie est inévitable lorsqu'un bébé arrive dans la famille. Ce dernier a besoin de soins, de chaleur, d'attention. Certains aînés, en particulier ceux qui ont entre 1 et 3 ans, voient rouge ! Ils aimeraient bien revenir à leur rang d'avant, celui d'enfant unique pour certains. Voilà pourquoi ils régressent parfois en suçant à nouveau leur pouce, ou en réclamant de boire à nouveau au biberon. Ils expriment leur ressentiment : « Renvoie-le d'où il vient », « Il est moche ce bébé », « Il est bête », « Il ne sait rien faire ». Difficile aussi pour lui d'intégrer que sa maman et son papa l'aiment tout en aimant d'autres personnes que lui. Il est possible que le sentiment d'injustice vécu par votre enfant vous culpabilise car vous sentez sa tristesse, parfois son désarroi et ce n'est pas facile pour vous non plus…

### APPRENDRE À PARTAGER ET À RESPECTER L'AUTRE

Dites-vous que sa jalousie est une phase normale, une étape supplémentaire pour grandir. Vous pouvez l'aider à dépasser ce besoin d'exclusivité avant qu'elle ne se répète plus tard auprès de ses amis, ses amours, ses collègues… La récompense sera l'apprentissage du partage et du respect de l'autre.

## Mes conseils

### NE VOUS JUSTIFIEZ PAS CONSTAMMENT

Évitez de dire : « Je suis juste : je donne à chacun exactement la même chose. » Vous imaginez que cette phrase (que vous pensez sans aucun doute) va l'apaiser. Mais, bien souvent, il n'en est rien. Car comme nous l'avons vu, l'enfant comptabilise, se rappelle, compare… Votre phrase, apparemment anodine, risque de renforcer sa jalousie.

Puisque vous êtes « pareil », voyons si c'est vrai. Et il faut bien avouer que bien des fois, vous n'avez pas été exactement avec lui comme vous avez été avec son frère ou sa sœur… Bien sûr, vous aviez vos raisons (un gros câlin pour sa sœur qui venait de se disputer avec une copine, un peu plus de dessert car elle sortait d'une pharyngite, etc.)… tous ces petits détails qui vont compter pour celui qui n'a pas reçu autant, même si vous êtes prêt à lui donner pareillement au moindre souci.

NE LE CULPABILISEZ PAS

Évitez les phrases culpabilisantes comme : « Tu es jaloux : c'est un vilain défaut » ou « Arrête d'être jaloux, ce n'est pas bien » ou encore « Il faut que tu sois gentil avec elle, c'est ta petite sœur. On doit s'aimer les uns les autres ». Ces remarques, même si elles sont justes, risquent de renforcer son isolement sans répondre à son questionnement actuel qui est : « M'aime-t-on toujours ? » Laissez-le s'exprimer sur ses sentiments. Puis rassurez-le : il est normal d'être jaloux car un enfant qui doit partager l'amour de sa maman et de son papa est toujours mécontent. Mais confiez-lui que vous lui faites confiance : il arrivera à comprendre que vous l'aimez toujours.

OCCUPEZ-VOUS DE LUI

Si l'arrivée d'un petit frère ou d'une petite sœur est à l'honneur, il est bien naturel que vous portiez une attention toute particulière au nouveau-né. Si son frère ou sa sœur est malade, il est également normal de centrer votre énergie sur celui ou celle-ci. Toutefois prenez un temps seul avec lui. En lui disant que vous aimez ces moments rien qu'à vous deux.

VALORISEZ SA PLACE D'AÎNÉ

Si c'est lui l'aîné, rappelez-lui qu'il est celui que les autres vont imiter, copier : il est un modèle. Cela le valorisera. Expliquez-lui qu'il aura toujours cette place dans la famille. Et que vous l'aimerez toujours autant quand il grandira que quand il était petit.

DITES-LUI QU'IL EST UNIQUE

Mettez en exergue ses qualités. Souvent les enfants ont peur qu'on ne préfère l'autre (plus petit, plus mignon, plus fort, plus intelligent…). Plutôt que de les décrire comme « aussi bien », rehaussez chaque différence en rappelant que c'est la différence qui permet d'être unique et d'être bien là où on est et que l'on aimc chacun ainsi.

## **Son exercice de visualisation** pour extérioriser son sentiment d'injustice

« L'ARBRE À SECRETS »

Cet exercice détient deux avantages majeurs. Le premier est qu'il permet à l'enfant de créer un espace où il peut tout dire, tout crier, sans se faire gronder. Un moyen de se décharger de ce qu'il a sur le cœur. Il en sortira libéré émotionnellement. Le second avantage est plus subtil : il conduit l'enfant à s'écouter intérieurement. On le sait, les enfants ont des antennes qui leur permettent d'entendre autrement.

L'arbre aux secrets va inciter l'enfant à écouter sa partie inconsciente, cette petite voix qui lui parle. Les réponses qu'il obtient dans ce type d'exercice sont généralement d'une grande sagesse. Il serait dommage qu'il n'en profite pas…

• Proposez à votre enfant de créer son arbre aux secrets. C'est un arbre qui ressemble peut-être aux autres arbres, sauf qu'il a quelque chose de différent qui permet de le reconnaître. Laissez le petit imaginer cet arbre comme il lui vient à l'esprit. Et vous le décrire.

S'il ne trouve pas, aiguillez-le : « C'est peut-être un arbre plus grand que les autres ? Plus large ? D'une couleur extraordinaire ? Imagine qu'il a quelque chose de différent des autres et c'est tant mieux car c'est comme ça que tu le reconnais. C'est l'arbre aux secrets. »

• Une fois que votre enfant visualise « son » arbre, suggérez que c'est un arbre magique qui peut entendre tous ses secrets car il y a un trou dans son tronc juste à la hauteur où les enfants peuvent parler. Dès qu'il voit ce trou, dites-lui qu'il peut venir quand il veut près de son arbre aux secrets pour crier quand il trouve que quelqu'un est injuste avec lui ou bien pour exprimer ses peines, car l'arbre sait garder les confidences. Tout ce qu'il dit reste entre lui et l'arbre.

• Finissez l'exercice en aiguisant son écoute intérieure : « Quand tu auras fini de tout lui raconter, tu écouteras attentivement, car il est possible que l'arbre te donne un conseil. Écoute bien, c'est un conseil rien que pour toi, une solution qui va t'aider à te sentir de mieux en mieux. » Et la partie de toi qui sait tout enregistre bien ce conseil, même quand toi tu oublies de l'écouter. Cela te permettra de te sentir de mieux en mieux.

• Si l'enfant vous raconte ce qu'il a confié à l'arbre ou ce que son arbre lui a dit, très bien. Mais ne le forcez pas. S'il ne dit rien après l'histoire, respectez son silence. C'est son monde et tout l'intérêt de cet arbre est justement de créer un espace rassurant et confiant pour dire ou crier tout ce qu'il veut sans que personne vienne le surveiller ou le reprendre.

## Un conte
pour se sentir unique

### LE CHAT BOITEUX

Smiley était un chaton noir avec de beaux yeux verts. Il était tout doux et tendre et, quand il était tout petit, on avait l'impression qu'il souriait. C'est pour cela qu'il avait été nommé Smiley. Tout aurait été parfait pour lui s'il n'y avait eu cette vilaine patte qui le gênait tant ! Eh oui, il était né avec un problème à une de ses pattes de devant. Il boitait et il boiterait toujours. Ce qui l'attristait le plus, c'était que les autres chats s'amusaient à la pelote, au ballon, à des tas de jeux, sans jamais jouer avec lui.

Smiley était tellement découragé qu'il avait fini par penser qu'il était laid, bête et que personne ne l'aimerait jamais. Puis il se mit en colère en disant que la vie était injuste : « Pourquoi moi ? » Quand il sanglotait auprès de sa maman, elle lui disait qu'il devait jouer avec les autres chatons mais Smiley ne pouvait pas, les autres ne l'acceptaient pas. Ou du moins, c'est ce qu'il pensait.

En fait, il n'osait pas rejoindre ceux qui jouaient. Il avait peur d'être rejeté ou qu'on se moque de lui. Alors, il restait seul. Il marchait pendant des heures. Il paraît que c'est comme cela qu'il commença à inventer des jeux pour sauter plus haut. Car avec ses trois pattes, il arrivait à bouger incroyablement bien ! Un jour qu'il était encore triste et solitaire, son papa lui suggéra de chercher ce qu'il avait de différent des autres.

Smiley répondit : « C'est facile : ma patte en moins ! »

« Non, reprit le grand chat, cherche ce que tu as de différent qui soit un plus !

*(pause)*

Toi, tu penses tellement à ta patte de devant, qu'il n'y a que ça qui compte pour toi ! Et du coup tu as l'impression que tous les chats ne voient que ça, ce qui est faux. Cherche. Tu as certainement quelque chose de bien que tu pourrais mettre en avant. Nous sommes tous uniques et nous avons tous quelque chose de différent qui peut nous apporter un plus ! »

*(pause)*

Smiley souffla « N'importe quoi ! », puis il s'allongea sur le ventre au soleil, comme il fait toujours pour réfléchir. Et soudain, en regardant ses trois pattes musclées, il se dit : « Voilà ce que j'ai de plus ! J'ai les pattes arrière tellement puissantes que j'arrive à sauter un mur de 2 mètres ! Aucune bête ne pourrait battre mon record ! » Fier de cette découverte, et tout excité, il organisa un « concours du plus haut bond ». Les chats de toutes les régions sont venus. Et, devine qui gagna ?

*(pause)*

Mais oui : Smiley ! Comme il était fier !

*(pause)*

Et tous les autres chats étaient admiratifs. Ils auraient tant voulu bondir aussi haut que lui. Mais aucun n'y arriva jamais. Depuis, personne ne voit plus la patte en moins de Smiley. On ne voit plus qu'une chose : ses belles pattes arrière qu'il avait réussi à muscler pendant tous ses moments solitaires.

# 8

# Il a tendance à mentir

## Comprendre ce qui lui arrive

La plupart des enfants ont recours au mensonge à un moment donné, ce n'est pas un problème en soi. Tout dépend du mensonge et surtout de sa fréquence. Dès l'acquisition du langage, vers trois ans, les petits parviennent à transformer la réalité. Il n'y a pas toujours volonté de tromper son entourage. C'est avant tout une découverte : je peux avoir des pensées ou actions que mes parents ne connaissent pas. C'est une façon de se distinguer des autres, ce qui aide à l'individualisation. C'est l'âge de l'affabulation. Il invente des histoires incroyables en vous assurant que c'est vrai. Et c'est très bien ainsi. N'ayez crainte, ce passage est tout à fait normal et permet à votre enfant de s'affirmer. Bien sûr, s'il s'invente une existence en fuyant totalement la réalité, c'est plus inquiétant. Et le contraire aussi (un enfant qui n'affabule jamais).

### « C'EST PAS MOI ! »

Souvent avant quatre ans, il n'y a pas de réelle envie de tromper. Ce n'est qu'un peu plus tard, vers 4 ou 5 ans, qu'il réalise tout l'intérêt de ne pas dire toute la vérité. Commence l'époque du « c'est pas moi ! ». Pour ce qui est des mensonges les plus courants, il y a toujours une bonne raison qui se cache derrière. Voyons les principales.

### SE DISCULPER

La plupart du temps, le mensonge est utilisé pour couvrir une erreur ou un méfait, si infime soit-il (du chocolat renversé, un bol cassé, une mauvaise note à faire signer, le gâteau tout chaud grignoté dans le plat, etc.). Ainsi nombre d'enfants cachent leur bulletin s'il est mauvais car ils ont honte, ou bien jettent vite à la poubelle le verre cassé avant que leurs parents ne s'en aperçoivent. Et quand on leur demande : « Qui a fait cela ? », ils répondent qu'ils ne savent pas, ou bien que c'est leur petit frère…

C'est bon signe car ce comportement signifie que l'enfant a intégré les règles de la maison et la notion de bien et de mal. Il a compris qu'il avait transgressé les règles et il se sent coupable. Il cherche alors à dissimuler sa faute et emploie une ruse pour ne pas être puni. Non pas que vous soyez trop brutal avec lui. Simplement, il n'est jamais agréable de reconnaître qu'on est responsable d'une faute. S'il vous dit la vérité, il a l'impression que vous pourriez mal le considérer, voire moins l'aimer. Le mensonge est imaginé comme un paravent contre la blessure et le rejet. Les règles de punition et de félicitations ont bien été intégrées.

De plus, son stratagème signifie qu'il a une bonne dose d'empathie : il parvient à se mettre à votre place pour anticiper tout ce qui va vous venir à l'esprit en découvrant qu'il a mal fait. Un mensonge est une feinte intelligente et créative dans ce cas. Rien de dramatique donc dans ce comportement, tant que l'enfant n'en abuse pas.

Il faut toujours signaler que vous n'êtes pas dupe, que vous êtes mécontent de son méfait. Il faut également lui expliquer les enjeux des mensonges (« j'ai besoin d'avoir confiance en toi, si tu mens je ne pourrai plus te croire autant »). Parfois il se sert d'une expérience mensongère pour vérifier que les règles sont claires et stables, histoire d'être rassuré sur les limites familiales à ne pas franchir. C'est le moment de lui confirmer les interdits !

### MENTIR POUR SE VALORISER

L'enfant peut faire appel aux mensonges pour obtenir plus de faveurs ou plus d'affection (par exemple, en faisant croire qu'il a réussi un puzzle pour être gratifié alors que c'est son grand frère qui l'a terminé).

Si ce type de comportements se répète, veillez à entendre ce que votre enfant vous dit inconsciemment. Il est possible qu'il ait besoin de rehausser son estime de soi. Voyez si tout se passe bien auprès de ses pairs à l'école, s'il n'est pas mis à l'écart, moqué ou critiqué. Si c'est le cas, apprenez-lui à se sentir mieux en société en participant à des activités de groupe à l'extérieur. Avec lui, trouvez un jeu ou un sport dans lequel il excelle, ce qui serait bon pour lui afin qu'il se sente valorisé tant à ses yeux qu'aux yeux des autres.

### FANTASMER POUR OUBLIER LA RÉALITÉ

Certains enfants affabulent et s'inventent une vie différente de ce qu'ils vivent vraiment. C'était le cas de cette petite fille que j'avais connue en PMI et qui avait honte d'habiter dans l'hôtel miteux et infesté de cafards où on l'avait placée avec sa mère et ses deux petits frères. Elle racontait qu'elle habitait dans un bel et grand appartement, et qu'elle s'amusait bien. La petite sublimait la réalité qui lui était insupportable. Elle savait bien que ce n'était pas vrai. Mais elle avait trouvé cette échappatoire pour garder ses amis. Comme elle ne pouvait pas les accueillir chez elle, elle trouvait de nouveaux mensonges : « On est en train de faire des travaux, ça va être joli. Pour l'instant, ma mère ne veut personne à la maison. » Elle embellissait la vérité afin d'échapper à la lourdeur de ce qu'elle vivait au quotidien.

De même, un enfant dont les parents sont séparés peut s'inventer un papa-câlin, qui l'appelle souvent et lui envoie régulièrement des cadeaux alors qu'en réalité son père ne donne plus signe de vie. Le mensonge témoigne ici une belle capacité à se protéger pour continuer de vivre en se mettant, le temps d'un discours, dans la peau de l'enfant choyé et aimé qu'il aimerait tant être. Ce mécanisme de défense n'est pas pathologique en soi, sauf si l'enfant commence à croire vraiment à ses mensonges.

MENTIR POUR COUVRIR UN PROCHE

Les enfants les plus rompus à ce type de mensonges sont ceux dont les parents sont séparés. Soit lorsqu'un des parents lui demande de mentir : « Ne dis pas à ta mère que j'ai une nouvelle copine, ça reste entre nous », « Ne dis pas à ton père qu'on va déménager loin d'ici, il va être fou de rage ». Soit que l'enfant, de lui-même, comprend qu'il serait bon de ne pas parler de certaines choses qui peuvent leur faire mal. Il se sentirait fautif. Un enfant est tout à fait conscient de ce qui se passe dans la famille lors des disputes et séparations. Il peut prendre la décision de mentir pour que le calme revienne (ou pour que les parents se remettent ensemble, ce qui est un vœu naturellement cher à tous les enfants).

## Mes conseils

QUELLE ATTITUDE ADOPTER ?

Il n'est pas possible de passer sous silence les mensonges de l'enfant, ne soyez donc pas trop laxiste. À l'inverse, inutile d'en faire un drame. Nul besoin de crier ou de le punir en clamant à tout va qu'il est un menteur. Il peut se vexer, vous en vouloir et cela pourrait l'inciter à recommencer… pour éviter d'être à nouveau ainsi puni. Ne lui offrez pas non plus un cadeau sous prétexte qu'il avoue avoir menti. Cela encouragerait son aptitude à mentir (puisqu'il est récompensé…).

Marquez le coup en montrant que vous avez compris qu'il mentait. Une mise au point est plus efficace. Elle permet à l'enfant de se débarrasser de sa culpabilité tout en lui rappelant les règles d'or familiales qu'il doit absolument respecter. Profitez-en donc pour redonner les impératifs. Vous pouvez éventuellement ajouter que vous ne lui aviez peut-être pas assez bien expliqué les interdits (cela lui enlèvera un peu de sa culpabilité et votre message sera mieux accepté). Votre discours accompagné d'un regard ferme ou courroucé est toujours bien compris et suffit dans bien des cas. Si c'est une récidive, optez pour une liste écrite que vous ferez avec lui. Une pointe d'humour est bien comprise aussi par les enfants surtout pour les petits méfaits (sauf si vous êtes trop ironique). L'humour dédramatise : vous montrez ainsi que vous avez compris qu'il mentait sans l'accabler d'un poids trop lourd. Amenez-le doucement (sans le cuisiner) à dire la vérité puis acceptez ses excuses. Félicitez-le pour avoir réussi à dire la vérité car ce n'est pas facile. Vous devez tous les deux finir la journée plus apaisés. Il va ainsi apprendre de lui-même qu'il est préférable de vous dire la vérité.

## NE CONFONDEZ PAS PUNITION ET AMOUR

Apprenez-lui qu'il est impératif de vivre dans une bonne entente et dans une confiance réciproque. S'il vous ment, vous allez douter de lui régulièrement. Faites attention à bien séparer ce sentiment de l'amour que vous lui portez. Même si vous êtes déçu, en colère, faites attention à vos paroles. Il ne doit pas imaginer que vous ne l'aimez plus. Évitez des phrases comme : « Si tu continues, je ne t'aimerais plus comme avant » ou « Je n'aime pas les menteurs ». Il vaut mieux dire que vous êtes en désaccord avec ce qu'il a fait ou dit. N'alarmez pas non plus tout le quartier ou toute la famille s'il vous a caché sa mauvaise note, ne lui faites pas porter l'étiquette de « menteur ». N'oubliez pas qu'un enfant finit souvent par se comporter comme les autres l'imaginent. À s'entendre traiter de menteur, il pourrait risquer de le devenir vraiment.

### NE GUETTEZ PAS LE MOINDRE SIGNE SUSPECT

Ne suspectez pas votre enfant de mentir à tout bout de champ. Vous ne pouvez pas fonder votre éducation sur le soupçon et la faute, ni vérifier en permanence qu'il vous dit la vérité. Votre enfant risque de ne plus trop s'y retrouver et d'accentuer ses mensonges puisque vous avez le même comportement qu'il mente ou pas… Une pression constante n'est vivable ni pour lui ni pour vous. Le mieux est de parler avec lui sans omettre de relever ses mensonges. Redites-lui que tout serait plus simple s'il vous en parlait mais que vous savez à quel point cela peut être difficile d'avouer un mensonge. Vous le comprenez sans être pour autant d'accord avec ce qu'il a fait bien sûr. Si vous trouvez qu'il exagère vraiment, prenez conseil auprès d'un spécialiste de la petite enfance afin de rétablir la confiance nécessaire à une meilleure ambiance familiale.

### MONTREZ L'EXEMPLE

En tant qu'adulte et parent, rappelez-vous que vous êtes le modèle principal de votre enfant. Prenez garde aux mensonges que vous émettez vous-même sans vous en rendre compte. Par exemple quand vous affirmez, très sûr de vous, que votre petit va bientôt avoir 4 ans pour obtenir une réduction de billet alors qu'il les a fêtés depuis 1 an… L'enfant, que vous faites ainsi mentir par omission, imagine que tromper son monde est acceptable, et qu'il peut lui aussi mentir en toute impunité. Ou encore quand vous déclarez à votre meilleure amie que ce soir vous êtes trop grippé pour venir à sa soirée diapo alors que votre enfant voit bien que vous êtes en parfaite santé… Si vous avez tendance à travestir la réalité, éclairez votre enfant sur ces petits mensonges sociaux. Expliquez-lui qu'il y a des degrés dans le mensonge et que parfois vous vous arrangez avec la vérité sans grandes conséquences.

## **Son exercice de visualisation** pour se libérer du poids de ses mensonges

« MON SAC À MENSONGES »

Cet exercice va aider l'enfant à se décharger de ses mensonges passés et présents. Même ceux qui sont lointains et qu'il aurait « oubliés » dans un coin de son cœur. Sur le plan inconscient, cela signifie qu'il peut ne plus porter ce qui l'encombre, se défaire de la sensation de culpabilité et repartir sur un bon pied, plus léger, vers ce qui est vrai.

• Proposez-lui d'imaginer le « sac à mensonges ». Aidez-le à bien le visualiser : « Est-ce un gros ou un petit sac ? Est-ce qu'il est bien rempli et très lourd ? Seul toi peux ressentir le poids de ce sac à mensonges. Je me demande si tu le portes à l'épaule, ou comme un sac à dos, ou à la main ? »

*(L'enfant vous décrit ce qu'il perçoit.)*

• Puis enchaînez : « Il y a sans doute des mensonges que tu as envie de retirer du sac. Des mensonges trop lourds à porter. Alors plonge la main dans le sac et enlève ce qu'il y a de plus lourd. Peut-être que tu sauras à quoi correspond ce mensonge. Ou pas. C'est peut-être un mensonge ancien, ou récent. Et, ce qui est amusant, c'est que chaque mensonge a une forme et une couleur particulière, tu peux peut-être t'en apercevoir. » L'enfant décrit – s'il le souhaite – ce qu'il voit ou ce qu'il ressent.

• S'il n'arrive pas à sentir à quoi ressemblent les mensonges, prévenez-le que ce n'est pas un problème puis ajoutez : « Il y a une partie de toi qui sait ce que tu enlèves du sac à mensonges, même si toi tu l'oublies. » Induisez ensuite qu'il se sent mieux maintenant que son sac à mensonges est moins lourd. « Sens comme ton sac est léger. C'est tellement agréable de vivre avec un sac à mensonges tout léger ! »

## **Un conte**
## pour savoir dire la vérité

### LES DÉGÂTS D'ANGE

Elle s'appelle Ange et c'est un ange, qui vit dans le Ciel, comme tous les anges. Comme tous les anges, elle rêve d'aider les humains sur Terre, de les guider vers la paix. Un jour, Archange, le chef des anges, lui proposa enfin d'aider tous les habitants de Sasse, une jolie ville située en bord de mer. Ange était ravie : elle adorait la plage ! Quand elle arriva, elle passa tout son temps sur le sable à rêvasser. Que c'était agréable ! Et puis elle commença à inventer des farces car elle était de tempérament rieur. Dès qu'on l'accusait, elle disait : « Non ce n'est pas moi » et se cachait pour rire.

*(pause)*

Oh, c'étaient de gentilles blagues, mais quand même ce n'était pas pour cela qu'elle était descendue sur Terre !

Au fil du temps, Ange s'aperçut que dans Sasse, tout allait de travers. Trop de bagarres, trop de colères et d'injustices. Elle pensa « on verra cela plus tard » et monta au Ciel. Elle croisa Archange qui lui demanda si tout allait bien à Sasse. Elle répondit : « Oh oui, tout est parfait c'est très tranquille. » Archange doutait : « C'est vrai ? pas de bagarres ? » Ange joua les étonnées : « Des bagarres alors que je les guide au mieux vers la paix, bien sûr que non ! » Si Ange mentait ainsi, c'est qu'elle savait qu'elle avait mal agi.

*(pause)*

Elle n'avait pas été assez sérieuse. Elle imaginait qu'en cachant la vérité, elle pouvait encore s'en sortir.

*(pause)*

Elle se disait même qu'avec un peu de chance les choses s'arrangeraient peut-être d'elles-mêmes à Sasse.

*(pause)*

Mais, quand elle redescendit sur Terre, tout avait empiré ! Elle ne pouvait plus aider les hommes toute seule, il lui fallait vraiment de l'aide. Mais si elle en parlait qu'allait-il arriver ?

Elle allait se faire disputer et ne pourrait plus rester sur la plage à se prélasser. D'un autre côté, Ange se doutait bien qu'un jour ou l'autre Archange apprendrait la vérité !

*(pause)*

Alors elle prit la décision courageuse de tout raconter à Archange avant que les choses empirent encore. Elle s'envola vers le Ciel et alla lui dire toute la vérité.

*(pause)*

En fait, le chef des anges savait déjà ce qui se passait à Sasse. Il voulait être sûr qu'Ange finirait tout de même par lui dire la vérité.

*(pause)*

« Comment vas-tu réparer ton erreur ? » lui demanda-t-il. Ange savait ce qu'il fallait faire dans ces cas-là : descendre avec plusieurs messagers de la paix et diffuser dans toute la ville une nouvelle lumière. « Parfait, répondit Archange. Je sens que tu as compris la leçon maintenant. Je voulais surtout savoir si je pouvais avoir encore confiance en toi. Je te donne une nouvelle chance pour apporter la paix. »

*(pause)*

Ange retourna à Sasse pour en faire la ville la plus paisible de la Terre. Et, à part quelques petites cachotteries sans conséquence, elle ne cacha plus jamais la vérité.

# 9

# Il a peur d'être seul

## Comprendre ce qui lui arrive

### DÉJÀ PETIT, LA PEUR DE L'INCONNU

La peur de l'étranger démarre vers 8 mois. L'enfant fait la différence avec les proches qu'il connaît bien (papa, maman, son grand frère, sa grand-mère, etc.) et les autres (la nouvelle nounou, le cousin éloigné, la boulangère...). Vers 18 mois, l'enfant a la maturité psychique nécessaire pour savoir que la personne qui s'occupe de lui (papa ou maman par exemple), même si elle s'éloigne, ne disparaît pas totalement et pour toujours.

### AVOIR UN PEU PEUR, C'EST NORMAL

Toutefois il est naturel qu'il ait un peu peur lorsque le parent s'éloigne et cela peut continuer les premières années de vie. Cette peur s'estompe progressivement, jusqu'à disparaître, en général vers 5 ou 6 ans. Au-delà l'enfant peut s'inquiéter de manière raisonnable. Par exemple, il est tout à fait normal qu'il soit apeuré, qu'il pleure ou se sente triste lorsqu'il arrive pour la première fois dans un lieu inconnu, ou lors d'un changement de nounou ou après un déménagement. Il n'a plus ses repères et ressent un certain mal-être.

### QUAND S'ALARMER ?

Ce qui doit vous alerter, c'est l'intensité de ses signaux de détresse, un décalage avec la réalité, et leur durée dans le temps. Des hurlements lorsque vous vous absentez ne serait-ce qu'un instant. Ou encore le fait que votre enfant ne se sente bien qu'à la maison, lorsque tout le monde est là, parce qu'il redoute au plus haut point qu'il arrive quelque chose à ses proches, comme un accident ou un kidnapping. Autre alerte : il fait des cauchemars qui mettent en scène une séparation douloureuse ou a des problèmes à dormir seul. Dans ce cas, il vous prie de rester près de lui ou de le laisser dormir dans votre lit. Ces signaux s'accompagnent parfois de symptômes psychosomatiques (maux de ventre, céphalées dès l'approche d'un départ ou le dimanche soir par exemple). Ces anxieux font parfois tout pour ne pas quitter le foyer, même lorsqu'ils sont invités à des anniversaires, préférant rester chez eux. Il arrive que l'enfant développe par la suite une phobie scolaire (puisqu'il faut quitter la maison pour aller à l'école).

### ET VOUS ? AVEZ-VOUS PEUR DE VOUS SÉPARER ?

L'angoisse de séparation est réactivée et renforcée par le parent qui stresse à l'idée même de s'en aller en sachant que son enfant va hurler, pleurer, ce qui est évidemment toujours difficile à vivre. Le cercle vicieux commence parfois lors des premières séparations. Habituée à être avec son petit pendant plusieurs semaines après l'accouchement, la maman a du mal à abandonner ce moment fusionnel pour le laisser pour la première fois dans une halte-garderie, une crèche, chez une nounou, ou bien plus tard à l'école. C'est un moment douloureux. Le pincement au cœur peut, pour certains parents, aller jusqu'à un véritable déchirement. En percevant cette inquiétude, le petit enregistre inconsciemment qu'il se passe quelque chose de grave, qu'il a donc bien raison d'avoir peur…

### ET S'IL RÉVEILLAIT UNE SÉPARATION MAL VÉCUE ?

Il se peut que la crainte de votre enfant provienne d'une maladresse qui a pu vous échapper. Rappelez-vous, par exemple, s'il y a eu un moment de séparation, y compris lorsqu'il était nouveau-né. C'est le cas lorsque le bébé est dirigé dans un service pédiatrique loin de sa maman. Un enfant placé en couveuse juste après l'accouchement (ou plus tard pour une opération) peut s'être senti abandonné (et sa mère bien seule). Ou plus tard, il est possible que vous l'ayez laissé seul le temps d'aller au cinéma ou au restaurant pendant qu'il dormait sous l'œil bienveillant d'une baby-sitter ? Lorsque la nounou est connue, cela ne pose en général pas de problème. Mais s'il s'est endormi avant que la baby-sitter soit arrivée et qu'il se réveille plus tard en voyant un visage inconnu en l'absence de ses parents, cela peut être une situation de stress, voire une expérience traumatisante. L'enfant cherche ses parents qui ne rentreront que plus tard et il risque de se sentir abandonné. Toutes ces douleurs, maturées dans l'inconscient, risquent de resurgir et de se réactiver au moment des séparations plus tardives, même si elles ont lieu des mois ou des années plus tard. Rappelons-nous que l'inconscient est hors du temps et de l'espace. Pour lui, toute émotion mal digérée est activée comme si elle avait lieu maintenant…

VOTRE ANXIÉTÉ JOUE UN RÔLE

Si votre enfant est de tempérament plutôt anxieux, il sera plus enclin à envoyer des signaux de détresse que vous percevrez. Dans ces conditions, comment ne pas vous sentir démuni lorsque c'est le moment de le laisser en garde ? C'est comme une petite voix qui vous soufflait au fond de vous que vous êtes une bien mauvaise mère pour activer ainsi la douleur émotionnelle de votre tout-petit. Calmez-le en lui parlant doucement, tout en explorant les moyens d'être rassuré vous-même afin de ne pas entretenir ce cercle vicieux.

AVEZ-VOUS DÉJÀ VÉCU LA MÊME SITUATION ?

Autre situation possible : c'est vous qui générez la première, le premier, une inquiétude quand vous vous séparez de votre enfant. C'est le cas quand un parent a déjà connu lui-même une angoisse de séparation enfant. Il communique cette anxiété à son petit sans s'en rendre compte, au même titre que l'on transmet une joie de vivre, un esprit de curiosité, etc. On fait passer nombre d'informations inconsciemment ! Si vous avez été fragilisé par une séparation, ou une perte, et même si vous ne vous en souvenez pas, votre partie inconsciente, elle, s'en souvient. Résonne alors en vous une douleur qui se réactive. Ce type de parent surprotège souvent l'enfant, car il a peur des risques que prend le petit et imagine parfois le pire quand son bébé n'est pas là… Ce protecteur préférera le savoir à la maison, sous son regard vigilant, ce qui nuit à la sociabilité de l'enfant.

### EXPLOREZ D'AUTRES PISTES

Il est possible qu'un événement douloureux soit la cause de l'anxiété de séparation, comme un changement d'école, un déménagement ou encore le décès d'une personne proche (ou de son animal préféré) signifiant que les êtres que l'on aime peuvent disparaître à tout jamais.

Enfin, l'angoisse de séparation peut surgir lorsque l'enfant est le réconfort d'un parent après un divorce. Ainsi, si vous avez beaucoup de peine en laissant votre petit partir un week-end chez votre ex, il risque de se sentir coupable et responsable de votre douleur. Il sent que vous ne pouvez être bien que s'il reste près de vous. Ces informations, enregistrées intérieurement, vont le guider dans son comportement futur.

## Mes conseils

### JOUEZ À CACHE-CACHE

Quand il est tout petit, expliquez-lui déjà que les choses que l'on cache sont toujours là, même lorsqu'on ne les voit pas. Vous pouvez inventer un petit jeu de cache-cache (je disparais, mais je continue de parler, tu sais bien que je suis là. Je me cache sous le drap, mais je sais que tu vois une partie de moi, etc.). L'enfant peut s'amuser à se cacher aussi pour être mieux retrouvé ensuite... Pour les plus grands, apprenez à dire toujours où vous allez (maman quitte la chambre, et va au salon maintenant) et continuez de lui parler, même dans la salle d'à côté. Votre voix, comme un cordon auditif sécurisant, lui permettra d'accepter à son rythme l'éloignement.

### NE VOUS MOQUEZ PAS DE LUI

Ne faites pas comme si vous ne voyiez pas sa souffrance. Ne pensez pas : « c'est une comédie » ou bien « ça lui passera si je prends l'air de rien ». Votre attitude risque de réactiver encore plus son syndrome d'abandon. Rassurez-le plutôt en tentant de ne pas vous régler sur son mode émotionnel.

### MODIFIEZ VOTRE VISION DE LA SÉPARATION

Bien souvent, l'interaction parent-enfant entretient la douleur de la séparation car on imagine que la rupture lui est nuisible. Si vous parvenez à considérer que ces séparations sont positives pour son avenir, vous arriverez plus facilement à vous en détacher. Car il est évident que le tout-petit a besoin de séparation pour grandir intérieurement.

### PETIT À PETIT

Bien sûr, ces éloignements doivent aller crescendo. Une demi-heure, puis une heure, etc. Faites confiance à ses capacités d'apprentissage. Sa vie sera ponctuée de départs et de retrouvailles. Il saura mieux appréhender les ruptures et accueillir les nouveautés. Visualisez votre enfant avançant dans la vie avec la force de pouvoir se détacher et apprendre de la vie. En vous sentant fier de lui, il se sentira plus rassuré et osera lui-même des moments de détachement plus longs.

JUSTE AU REVOIR !

Quand c'est le moment de vous quitter, ne prenez pas un air grave signifiant : « Oui, je sais, c'est terrible ce qui nous arrive. » Votre enfant en déduirait qu'il y a effectivement du danger à se séparer ! Pareillement, ne prenez pas non plus un temps de réflexion ou de câlin trop long. Le mieux est de mettre en place un rituel de séparation (par exemple, serrez-le fort ou faites-lui dix bisous, passez la main dans ses cheveux ou frottez-vous mutuellement le nez, etc.). Accordez à ce geste rituel un mot ou une phrase de séparation comme « À tout à l'heure » ou « À ce soir, comme d'habitude je viens (ou papa, ou la nourrice vient) te chercher à telle heure », tout en lui rappelant que vous l'aimez fort. Et partez. À force de répétition, cette routine familiale installera un climat plus léger. Ce sera votre petit rituel de complicité lors de tous les départs jusqu'à ce que votre enfant soit plus indépendant.

## **Son exercice de visualisation** pour réveiller sa capacité de réussite

« VIVE MES VICTOIRES ! »

Dans cet exercice, il s'agit d'activer toutes les ressources que possède déjà votre enfant pour dépasser sa peur d'être seul. On fait appel ici aux mémoires positives qui sont toutes intégrées et dont l'inconscient garde la mémoire intacte. En rappelant les moments où il a réussi (et il y en a toujours beaucoup plus qu'on l'imagine), on guide l'inconscient vers l'activation d'une capacité qu'il détient déjà (ce qui est en soi réconfortant puisqu'il détient les moyens de s'en sortir) et qu'il va renforcer. Comme si on disait à sa partie-qui-sait-tout : « Voici une capacité que cet enfant a déjà et qu'il serait bon de remettre au goût du jour dans sa vie… »

• Incitez votre enfant à fermer les yeux et à se rappeler un moment de réussite. Laissez-le chercher en lui disant : « Rappelle-toi un moment où tu as cru ne pas parvenir à faire quelque chose et où tu y es quand même arrivé. » S'il ne trouve pas, donnez-lui quelques pistes. Votre petit, comme les autres, a une kyrielle d'expériences qu'il a traversées avec succès. Vous avez sûrement une idée d'une appréhension qu'il a déjà dépassée. La crainte du toboggan, du vélo, du chat, des escaliers de tonton, etc. Dès leur plus jeune âge, les enfants mettent en place des processus pour calmer leurs inquiétudes.

• Dès qu'il se remémore une de ses victoires, encouragez-le à ressentir totalement ce moment : « Revis ce moment comme si c'était maintenant que cela t'arrivait. » Précisez : « Rappelle-toi tout ce qui est bon. Souviens-toi comme tu étais fier quand tu as réussi ! » Laissez-lui le temps de se le remémorer puis rappelez-lui que sa « partie-qui-sait-tout » connaît déjà le chemin qui le guide vers la réussite car quand on y arrive une fois, on y arrive d'autres fois. Ajoutez que cette partie de lui va l'aider à traverser toutes les peurs de sa vie puisqu'il sait déjà faire.

## Un conte
pour savoir rester seul

### Opale la petite goutte d'eau

Je vais te raconter l'histoire d'Opale, une goutte d'eau qui était installée bien chaleureusement dans un nuage, avec toute sa famille gouttes d'eau. Elle avait son papa, sa maman, ses frères et sœurs. Elle était la plus petite, mais tous se ressemblaient incroyablement, « comme deux gouttes d'eau », disait-on. Impossible de savoir qui était qui, surtout qu'ils étaient toujours ensemble. Tous ensemble, ils s'amusaient, se chamaillaient et, quand ils étaient fatigués, ils s'endormaient dans le nuage tout moelleux. C'était la belle vie !

Mais Opale, comme toutes les gouttes d'eau, savait qu'elle aurait à vivre des expériences différentes, comme de quitter le nuage pour se jeter dans la mer car c'est ce que font toutes les gouttes d'eau à un moment de leur existence, pour ensuite revenir sur leur nuage. Elles n'aimaient pas ça les petites gouttes d'eau, elles avaient peur et ne voulaient même pas y penser. Quand on en parlait à Opale, elle s'écriait : « Je veux rester là, à jouer et me reposer. Je veux rester faire des câlins dans le nuage. » Parfois, Opale se mettait en colère, se roulait dans le nuage, rien qu'à l'idée de devoir abandonner sa place. Quelque part en elle, elle faisait tout pour continuer à rester au chaud dans son nuage avec ceux qu'elle aime.

Mais Opale avait beau espérer, le grand jour arriva tout de même.

*(pause)*

Le nuage se rapprochait de la mer. Il fallait se préparer à sauter !

*(pause)*

La petite goutte d'eau se sentait toute triste, tellement triste qu'elle commença à pleuvoir et dut quitter son nid douillet. Elle criait, pleuvait, criait, pleuvait et se sentait abandonnée, toute seule dans les airs. Qu'elle était malheureuse !

*(pause)*

Elle se posait mille questions : qu'allait-il se passer ensuite ? Comment allait-elle retrouver toute sa famille gouttes d'eau ? Ce que ne savait pas Opale, sans doute parce qu'elle était toute jeune, c'est que les familles d'eau se retrouvent toujours après et qu'elles ont alors des tas de choses à se raconter.

*(pause)*

Quand elle eut fini de tomber, elle sentit la douce sensation de la mer. Une mer qui l'accueillait avec chaleur, tellement heureuse de recevoir cette jolie goutte d'eau. Et l'instant d'après, après avoir eu bien peur, Opale s'aperçut qu'elle se retrouvait avec toute sa famille en une seule et même vague ! Qu'elle était contente !

*(pause)*

C'était la première fois qu'Opale devenait une vague, et c'était en effet une expérience drôlement forte. C'était un peu comme monter sur tous les manèges en même temps. Elle sautait partout. Elle n'avait jamais connu un tel bonheur. Que c'était bon. Leur vague se dirigea vers la plage et là ils purent tous se reposer réunis en petits clapotis tout doux. Encore tout retournés par tant de plaisirs. En remontant sur le nuage, Opale raconta son expérience à tout le monde. Puis se reposa, au calme sur son nuage.

*(pause)*

Depuis, Opale s'est séparée mille fois de son nuage ! Et à chaque fois, elle grandit pour devenir une belle goutte d'eau pleine de souvenirs et de joies.

*(pause)*

Parfois, elle a un tout petit pincement, mais ça passe très vite car elle pense à tout ce qu'elle va vivre et raconter après, lorsqu'elle retrouvera tout le monde dans la vague ou en remontant sur le nuage.

# 10

# Il doit surmonter un deuil

## Comprendre ce qui lui arrive

Si vous devez annoncer la mort d'un proche à votre enfant, il est naturel de vous sentir angoissé. Vous avez sans doute peur de ne pas savoir dire les choses, d'être maladroit ou de l'angoisser. Ces doutes sont normaux et font sans doute écho à votre propre souffrance. Vous êtes désarmé devant la mort et le deuil. Alors comment donner à votre enfant des armes que vous ne possédez pas. Vous voudriez lui éviter la peine, mais doit-il être « protégé » des douleurs qui affectent son entourage et qui font partie intégrante de la vie ? Faites-lui confiance : les enfants ont les moyens d'appréhender ces tourments et d'évacuer le stress. Tout dépend de leur âge, leur tempérament, de ce qu'ils ont déjà vécu et du degré de parenté avec la personne défunte.

## MÊME S'IL EST PETIT, PARLEZ-LUI

S'il est bébé ou tout petit, l'absence d'un père ou d'une mère sera ressentie particulièrement physiquement. C'est une sensation de manque physique d'enveloppement sonore et sensitif (caresse, odeur, voix, portage, soins). Même si vous avez l'impression que cela ne sert à rien, parlez au tout-petit. Une partie de lui va intégrer cette disparition. Même si le langage n'est pas compris à cet âge, c'est un autre entendement qui lui permettra de comprendre. Et puis, malgré votre tristesse, pensez à prendre le temps de le dorloter, de lui apporter une chaleur corporelle et émotionnelle, pour le nourrir affectivement. L'affectif est un besoin aussi vital que la nourriture. Un tout-petit doit être rassuré d'un point de vue sensoriel et se sentir sécurisé pour grandir.

## ÉCLAIREZ-LE

S'il est plus grand, répondez aux questions qu'il vous pose. Entre 3 et 5 ans, les enfants s'interrogent sur l'absence. Ils ont déjà expérimenté la séparation (avec une baby-sitter, à la crèche ou en maternelle, en perdant leur doudou). La mort est un sujet qui les préoccupe aussi, sans qu'ils aient pour autant la capacité de saisir que c'est un état permanent. Votre petit vous a d'ailleurs peut-être déjà questionné lors d'un décès (d'une personne de la famille, d'un animal ou dans un livre ou un dessin animé). Profitez de ses interrogations existentielles pendant cette période, pour répondre à sa soif de comprendre avant même qu'un décès survienne. C'est le moment de faire passer les messages qui concernent vos croyances spirituelles. Selon votre religion, votre philosophie ou votre avis sur la question. Et si vous n'avez pas d'opinion, vous avez le droit de lui dire que vous ne savez pas ce qui se passe après la mort. Et de lui expliquer que la mort est inéluctable, qu'on arrête de vivre quand c'est le moment et que personne n'y peut rien. Qu'il faut donc profiter de la vie, aimer ceux qui nous entourent et faire des projets qui nous font plaisir.

## Mes conseils

### PRÉFÉREZ TOUJOURS LA VÉRITÉ

Certains parents, bouleversés par la mort d'un proche, préfèrent taire son décès ou tentent d'éluder la perte de l'être cher en disant à l'enfant que la personne est « partie pour un très long voyage » ou « partie au ciel » ou

« partie pour un long sommeil ». Les raisons invoquées pour ces mensonges sont que l'enfant est trop petit pour entendre cette mauvaise nouvelle, ou qu'il ne comprend pas, qu'il doit en être protégé. On se dit qu'on en parlera peut-être plus tard, quand il sera plus grand. Mais imaginons l'enfant attendant indéfiniment que la personne décédée revienne.

Il est important qu'il sache que la personne ne reviendra plus, mais qu'elle sera toujours dans son cœur et dans ses pensées s'il le souhaite, simplement en fermant les yeux et en pensant à elle quand il veut.

### LES MENSONGES ET OMISSIONS PERTURBENT

J'ai connu une maman tellement déboussolée par la mort subite de son mari, qu'elle avait déclaré à ses enfants que leur père était parti... chercher des bonbons. Cette femme, en dépression, était venue deux ans plus tard me confier qu'elle ne pouvait toujours pas leur annoncer sa mort, car ils étaient encore trop jeunes pour l'entendre. La puéricultrice de secteur m'avait signalé que les trois enfants se comportaient « bizarrement » avec des balancements continus. Lorsque la vérité a été dite, tout est rentré dans l'ordre pour les enfants comme pour la mère, chacun reprenant finalement le fil de la vie. La vérité est toujours préférable. Un mensonge risque d'entamer la confiance que l'enfant a en vous, dans les autres adultes et en lui.

### IL APPREND LES HAUTS ET LES BAS

Dites les choses comme vous les ressentez, avec des mots simples adaptés à l'âge de votre enfant, sans entrer dans les détails. Il est possible que vous soyez ému et que vous ayez du mal à parler. Ne vous inquiétez pas, l'enfant se construit avec les hauts et les bas. Il enregistre là qu'il y a des moments douloureux dans la vie mais bientôt (dans quelques semaines ou quelques mois), il apprendra aussi que la vie continue après la douleur. Bien entendu, il est toujours plus facile d'annoncer le décès d'un parent âgé, on peut expliquer que c'est le cycle de la vie, on naît, on vit et à la fin de sa vie, quand c'est l'heure, on meurt. C'est plus difficile et plus douloureux lorsqu'il s'agit de la mort d'un frère, d'une sœur qui ne sont pas censés partir avant les parents.

### DÉCULPABILISEZ-LE

Aux alentours de 4 ans, il risque de culpabiliser, principalement lors de la période œdipienne lorsque l'enfant imagine qu'il remplacerait bien le parent du même sexe que lui. Il a pu à un moment donné « souhaiter sa mort » pour avoir l'autre parent pour lui tout seul. Il peut se demander s'il n'est pas responsable de ce décès maintenant.

Il peut ressentir la même chose lorsque c'est un petit frère ou une petite sœur qui disparaît et qu'il avait « souhaité sa mort » pour être le seul à être aimé de ses parents. Il peut avoir l'impression d'être responsable aussi dans ce cas. Il faut alors lui expliquer qu'une pensée ne peut aucunement tuer.

La culpabilité peut également survenir à cause de discours contradictoires. Par exemple, quand les proches sont malheureux, mais disent que tout va bien ou quand le petit demande : « Pourquoi maman n'est pas là ? », et qu'on lui répond « Ce n'est rien, maman est partie en voyage ». Cette incohérence incite l'enfant à chercher sa part de faute : pourquoi maman serait partie sans me dire au revoir ? Je n'étais sans doute pas assez gentil. Et pourquoi papa est triste ? Il doit m'en vouloir lui aussi.

## RASSUREZ-LE

Les enfants sont en attente de réponses, même si leur façon de demander diffère selon l'âge. Les plus petits ont tendance à reposer les mêmes questions, les plus grands demanderont des éléments supplémentaires sur l'accident ou la maladie. Réobtenir les mêmes explications apaise et les détails rassurent. Il est donc important d'y répondre. Soyez attentif et à l'écoute aussi de la peine de votre enfant. Si le dialogue est trop douloureux pour vous, demandez de l'aide à une personne en qui vous avez confiance tout en disant à votre petit que vous n'arrivez pas à parler en ce moment car vous avez encore beaucoup de peine. Si vous avez plusieurs enfants, il est possible qu'ils aient chacun leur façon d'évacuer le stress. L'un va pleurer sans cesse. Accueillez cette douleur. Ne lui dites pas « sois fort » ou « il faut tenir le coup ». Laissez-le vivre sa peine comme elle s'exprime. D'autres enfants continuent de jouer ou de vous parler d'autre chose quand vous annoncez la mauvaise nouvelle. Ne vous offusquez pas. Chacun son rythme. Il faut le respecter. Pour l'instant, la nouvelle n'est pas assez concrète. Il fera l'expérience de l'absence de l'être cher au fil des jours suivants et viendra sans doute par la suite vous reparler de ce deuil.

Rassurez-le aussi sur le fait que vous êtes près de lui, qu'il est toujours aimé et accompagné dans sa vie. S'il a peur que vous décédiez aussi, pour rejoindre le défunt, insistez : aucune raison d'être malade ou de mourir maintenant. Projetez-le sur des projets à court et moyen terme. Rassurez-le sur ce qui ne change pas et détaillez les changements de sa nouvelle vie si c'est l'un des deux parents qui est mort, en lui expliquant qu'il sera toujours aimé et qu'il y aura toujours quelqu'un pour bien s'occuper de lui au quotidien.

### LA PEINE RITUALISÉE

Les rituels aident grands et petits à traverser les épreuves. Ce sont des gestes anciens, codifiés, qui sont connus de tous et qui unissent dans un même élan de cœur toutes les personnes qui se soutiennent mutuellement après la mort d'un être cher. Aussi est-il souhaitable que votre enfant soit présent lors des cérémonies religieuses, même si vous avez l'impression qu'il n'écoute rien ou qu'il joue par terre sans se rendre compte de rien. Il est là, parmi vous, dans cette réunion familiale qui vous unit tous, il est partie prenante et à sa place dans ce groupe.

De même, il peut tout à fait revoir une dernière fois le défunt, cela lui permettra de réaliser concrètement que la personne a définitivement fini sa vie. Toutefois si votre enfant refuse de venir aux obsèques, respectez sa demande tout en lui demandant s'il connaît les raisons de son rejet. Qu'il vienne ou pas, il peut participer à sa manière en disant au revoir au défunt à l'aide d'un dessin, d'un mot ou d'une fleur qu'il pourra déposer dans l'espace funéraire ou que quelqu'un déposera pour lui. La tombe, le paradis, le monument crématoire, doivent être signalés comme des lieux où l'on dépose les pensées d'amour.

### ET S'IL PERD SON ANIMAL DE COMPAGNIE ?

En ce qui concerne la mort des animaux de compagnie, la peine peut être aussi très grande. Ne vous en moquez pas. Comme pour les êtres humains, dites simplement la vérité sur le décès et expliquez-lui ce qui s'est passé plutôt que de lui mentir. Proposez un rituel d'adieu pour la petite bête, soit en enterrant l'animal et son jouet préféré dans votre jardin si vous le pouvez, soit en donnant au vétérinaire l'objet ou le dessin pour la petite bête morte.

## **Son exercice de visualisation** pour revoir les êtres qui ont disparu

« LA PORTE DE LUMIÈRE »

L'espace que l'on demande à l'enfant de visualiser derrière une porte de lumière sera admise au niveau conscient et inconscient comme un espace de rencontre spirituelle lorsqu'il aura du mal à admettre la perte d'un être cher. C'est tout seul qu'il retournera dans cet espace en gagnant à chaque fois en sérénité.

• Incitez votre enfant à imaginer une porte magique, une belle porte claire sur laquelle le nom de la personne est inscrit en lettres de lumière. Dès que l'enfant la visualise, expliquez que cette porte lui permet d'aller à la rencontre de l'être disparu quand il le souhaite. Il ouvre la porte et retrouve le défunt (suggérez : « Vois comme il est bien là, il est souriant, content que tu viennes le voir » – et s'il était malade avant de mourir, ajoutez : « Il est en pleine forme car il ne souffre plus. ») L'enfant a-t-il envie de lui dire quelque chose ? Il peut lui dire tout ce qu'il a oublié de lui dire ou tout ce qui lui vient à l'esprit maintenant. Cela reste entre eux deux, sans que personne entende, comme un secret. Désire-t-il lui offrir un cadeau (une fleur, une lettre qu'il a écrite avant ?) ? Il peut lui donner ce présent maintenant en cadeau de lumière.

- Demandez à l'enfant de vous signaler par un geste ou un mot quand cet échange sera terminé. Laissez-lui le temps qui lui est nécessaire puis, quand il a fini, conseillez-lui de dire au revoir à la personne puis de refermer la porte. Suggérez qu'il pourra revenir quand il le voudra car il connaît le chemin désormais.

## Un conte
pour rester relié à la vie

### Le secret des fleurs

Il existe très loin d'ici, dans un autre univers, une ville qu'on appelle Florella et qui est toujours magnifiquement colorée. Il y a des quartiers rose, bleu, jaune, violet, rouge, de toutes les couleurs. Parce que dans chaque quartier de Florella, des plantes sont disposées en familles de fleurs. Il y a le quartier de l'innocence, tout blanc de lys élancés, le quartier de l'amour pur rempli de violettes grandes ouvertes, le quartier de la tendresse parsemé de roses aux pétales doux comme de la soie, le quartier de la puissance où sont rassemblées les solides tulipes rouges, le quartier de l'espérance dont le parterre est jonché de trèfles à quatre feuilles et enfin le quartier de la lumière, dans lequel les boutons d'or rayonnent de jaune soleil.

Pour que toutes les fleurs soient toujours admirables, Philae, une jeune fille qui est la messagère des fleurs, passe la journée à surveiller si chacune a assez d'eau pour bien pousser et bien évoluer. Et ce n'est pas toujours facile car, comme partout, ce pays connaît des périodes de temps trop chaud, qui les dessèchent, ou des périodes de tempête ou de froid qui les affaiblissent. Mais Philae a depuis toujours un don précieux : elle sait entendre les désirs de tous les végétaux. C'est pour cela que les fleurs sont particulièrement soignées à Florella. Alors, tu penses bien que toutes les fleurs veulent aller s'installer là-bas ! C'est le paradis des fleurs !

*(pause)*

Pourtant Philae a de la peine parfois...

*(pause)*

... quand une fleur fane.

Eh oui, il arrive qu'une grêle vienne détruire quelques fleurs et cela désole Philae qui aime tant ses fleurs. Elle en pleure même. Elle voudrait que toutes les fleurs restent tout le temps aussi fraîches et vives.

*(pause)*

Pourtant, elle ne peut pas empêcher que certaines se fanent. C'est ainsi, ni elle ni personne ne peut éviter la fin d'une fleur.

*(pause)*

La reine des violettes, douce et fine, la plus pure et la plus ouverte des fleurs, adresse un jour un message important à Philae. Elle lui parle en langage des fleurs pour la réconforter : « Je comprends que tu sois triste quand une fleur se fane, Philae. Mais les fleurs sont toujours là, dans tes souvenirs. Ainsi, tu peux te rappeler leur odeur, leur couleur et te dire qu'elles ont laissé une trace dans la terre, des petites graines qui te sont invisibles mais qui vont donner place à de nouvelles fleurs que tu pourras apprécier. Elles ont laissé des pétales dont tu peux te servir pour faire des parfums, pour te rappeler leur odeur. Car notre plus cher désir, c'est de t'apporter joie, douceur, force, et amour, rappelle-toi ! »

Depuis ce jour, quand une fleur se fane, Philae met sa peine de côté et pense qu'elle a la chance de savourer la présence de toutes les fleurs qui restent.

*(pause)*

En sachant que chacune lui apporte ce dont elle a besoin.

## TROISIÈME PARTIE

# À vous de jouer ! Créez des contes en toutes situations

Si la problématique de votre enfant n'entre pas dans les dix questions les plus courantes traitées dans ce livre ou si vous désirez aller plus loin en créant un conte sur mesure pour votre petit, cette séquence est pour vous. Je l'ai conçue pour que vous puissiez, le temps d'un conte, vous mettre tout particulièrement en connexion avec votre enfant et accueillir ce que son inconscient vous révèle pour l'aider à dépasser un mal-être physique ou psychique.

Quelle est la personne la mieux placée pour rassurer l'enfant ? Sa mère, son père, ou encore sa grand-mère ou sa tante. Bref, un proche en qui l'enfant a confiance. Le soir, avant de s'endormir, il peut se laisser aller à la rêverie, tout lové contre cet être aimé, et profiter de cet état modifié de conscience propice à l'écoute de la solution la mieux adaptée à son cas.

Au fil des explications qui vont suivre, vous allez apprendre à entrer en résonance avec votre enfant. À laisser les mots vous venir à l'esprit tout naturellement, sans effort particulier. C'est à la portée de chacun d'entre nous. Essayez, comme un jeu de devinette, et vous verrez que la magie opère.

Ce moment est un temps de plaisir, pas une recherche du « meilleur conte » ou de « l'histoire la plus efficace ». Il suffit d'accueillir tout ce qui vous vient en tête (mots, images, idées) afin de raconter un conte thérapeutique unique qui guidera votre enfant vers la résolution de son problème. Laissez-vous guider en quelques étapes simples pour créer votre conte…

# 1

# Relaxez-vous tous les deux

Nous l'avons déjà expliqué, la relaxation est la première clef pour arriver à toucher l'inconscient. La détente est propice à une baisse de vigilance du mental. Ce que vous allez ensuite suggérer sera ainsi mieux capté par la partie inconsciente.

Choisissez bien l'endroit et le moment. La précipitation est néfaste à une bonne relaxation. Préférez un moment où vous êtes certain d'avoir le temps de vous poser et de laisser émerger les idées, les pensées, les images. À partir du moment où vous êtes installés tous les deux (allongés ou assis), parlez doucement, calmement, dans une continuité de ton, et plus lentement que d'habitude. Tentez de vous mettre au diapason de votre enfant (même position, même rythme respiratoire...), pour être vraiment en lien. Parfois, ce moment d'apaisement suffit pour que votre enfant soit en état modifié de conscience, cet état proche du sommeil sans être endormi.

## Relâchez-vous

Vous pouvez également le guider vers une relaxation plus profonde en utilisant les conseils donnés au début de ce livre (voir la « petite séance de relaxation » pages 46-49) et que je vous rappelle succinctement :

• Pratiquez la respiration ventrale : « comme un ballon que l'on gonfle avec l'air que l'on respire ».

• Racontez-lui un moment que vous avez apprécié dans votre journée (ou bien avant, par le passé).

• Incitez-le à se souvenir lui aussi d'un bon moment (ou d'un film ou livre qu'il a aimé).

Ces exercices permettent de se dissocier tout en approfondissant la détente physique et en activant les ressources positives de chacun. Pour vous, c'est le moyen d'entrer dans un état intuitif pour rechercher le conte approprié. Pour votre enfant, c'est le déclic du changement positif physique qui va l'inciter inconsciemment, sans qu'il le sache, à s'ouvrir à toutes les solutions bonnes pour lui.

## Réveillez la « partie-qui-sait-tout » de votre enfant

Confiez-lui que chacun détient une « partie-qui-sait-tout » en lui. Expliquez-lui que cette part de lui est un peu comme un double qui saurait tout sur tout et qui sait résoudre tous les problèmes puisqu'elle a toutes les solutions. Ajoutez que vous allez prendre un moment avec lui pour vous détendre et raconter une histoire unique rien que pour lui et pour sa partie-qui-sait-tout. Suscitez sa curiosité : cette partie de lui, il pourra peut-être la rencontrer dans un monde magique où il va pouvoir aller. Et peut-être même lui poser des questions. Lors des consultations avec les enfants, j'incite régulièrement les enfants à « rencontrer » cette part d'eux-mêmes. Et je suis toujours surprise par les excellentes réponses que les enfants « entendent » provenant de leur partie-qui-sait-tout. Ce sont toujours des conseils d'une grande sagesse. Comme si les enfants avaient déjà un (très bon) psy à l'intérieur d'eux-mêmes ! Je leur dis d'ailleurs : « Ta partie-qui-sait-tout en sait des choses ! Elle te donne d'excellents conseils. Tu pourras la revoir et lui faire confiance pour de nouveaux conseils maintenant ou plus tard, si tu en as besoin. » C'est un véritable atout de pouvoir communiquer avec cette partie inconsciente qui détient la connaissance et les réponses à nos questions…

Pour rencontrer cette partie-qui-sait-tout, vous allez accompagner l'enfant dans un autre espace/temps.

# 2

# Guidez-le vers son monde magique

« Et maintenant, es-tu prêt/e à partir dans ton monde magique ? » C'est la petite phrase à lancer après le souvenir (ou après l'exercice de respiration si l'enfant n'a pas souhaité se rappeler de souvenirs). Il serait surprenant que votre enfant vous réponde non. Toutefois s'il refuse, reportez cette étape à une autre fois, quand il en aura vraiment envie…

Partir dans un lieu imaginaire exprime déjà une forme de transformation (je suis ici et maintenant, mais j'ai le désir d'aller dans un ailleurs : je suis prêt pour le changement positif). Sans ce désir, il est inutile d'insister. Il est préférable d'attendre que sa curiosité soit attisée.

## On voit mieux les yeux fermés

Incitez votre petit à fermer les yeux en lui expliquant que les yeux fermés on arrive à voir autrement, comme lorsque l'on se rappelle un bon souvenir. Toutefois s'il ne souhaite pas les fermer, poursuivez l'exercice en lui rappelant de temps à autre qu'il peut fermer les yeux à n'importe quel moment pour « mieux voir ». J'ai remarqué que, même en gardant les yeux ouverts, certains enfants se projettent facilement dans le conte et permettent tout de même à leur inconscient de résoudre leur problème.

## Votre enfant change d'univers

Précisez que pour partir dans le monde magique, il faut un moyen de locomotion. Que votre enfant visualise le meilleur moyen de locomotion, celui qu'il souhaite sur le moment, et ce moyen peut changer d'un jour sur l'autre. S'il trouve tout de suite, parfait. S'il dit « je ne vois pas », vous pouvez proposer un large choix (attention de ne pas proposer qu'une seule possibilité, il faut que la sélection soit sienne) : un nuage ? Un bolide ? Une fusée ? Une fée qui le prend par la main pour qu'il s'envole ? Un tapis magique ? Ta bulle de sommeil (visualisation proposée dans le chapitre sur le sommeil) ?, etc. Dès qu'il a trouvé, il vous dit ce que c'est. Alors demandez-lui de quelle couleur est ce moyen de locomotion, s'il va vite, s'il est bien installé (ajoutez qu'il peut s'installer comme il veut pour être vraiment confortable).

Informez-le que ce moyen de locomotion va le porter et le guider vers son monde magique. Attendez un moment, puis demandez ce qu'il visualise (de la lumière ? des nuages ? des étoiles ? d'autres univers ?). Laissez l'enfant raconter en l'incitant à continuer (« ça a l'air drôlement bien », ou « ça doit être beau », etc.).

Suggérez : « Plus tu voyages, et plus tu es bien, parce que tu sais que tu vas vers ton monde magique, et c'est très amusant d'aller dans son monde magique. Prends le temps qu'il te faut pour voyager, et quand tu es arrivé dans ton monde magique, tu me diras à quoi il ressemble. » Ne le pressez pas. Son temps est le bon. Cela peut être très rapide ou plus lent, peu importe.

## Laissez la magie opérer

Essayez de ne pas influencer votre enfant. Par exemple, vous pensez peut-être qu'il serait bien qu'il s'installe dans une belle voiture de sport pour aller jusqu'à son monde magique s'il aime les bolides. Toutefois l'inconscient réserve parfois des surprises et il se peut qu'il s'envole sur une licorne, un ange, etc. Gardez en tête que ce sont ses codes inconscients et que vous ne les connaissez pas tous… Plus les codes seront induits par son inconscient, et plus votre histoire aura d'impact. Faites confiance à sa partie-qui-sait-tout pour le guider vers ce qui est le plus efficace pour lui.

## Il visite son monde magique

Lorsque l'enfant est sur son monde magique, poussez-le à le décrire (s'il fait chaud, s'il y a des arbres, de l'eau, est-ce qu'il connaît déjà cet endroit ou bien est-ce la première fois qu'il y va ?). Puis incitez-le à transformer certaines choses sur son lieu pour que ce soit vraiment comme il en a envie. Si c'est déjà parfait, c'est très bien. Sinon rappelez-lui qu'il peut changer ce qu'il veut car il est CHEZ LUI. C'est SON monde magique. Personne n'a le droit d'y entrer sans sa permission, c'est un univers où tout est fait pour lui, pour être bien, se reposer, rire et puis trouver les meilleures solutions.

## À quoi ressemble sa partie-qui-sait-tout ?

Ajoutez que pour trouver les meilleures solutions, il y a sa partie-qui-sait-tout : « Je me demande quelle apparence peut prendre ta partie-qui-sait-tout, il paraît que certains enfants arrivent à la voir. Parfois, c'est comme un double de soi, ou bien comme un animal gentil, ou une fée, ou une lumière, ou un grand sage. Tu vois à quoi peut bien ressembler ta partie-qui-sait-tout ? » Si l'enfant répond affirmativement, demandez-lui de décrire le personnage, l'animal, ou la lumière qu'il visualise. Sinon, rassurez-le : il la rencontrera une autre fois (cette phrase le rassurera car, même en jeu, un exercice imaginaire peut rappeler les directives scolaires où il faut « bien faire ». Si l'enfant n'arrive pas à une étape, il risque de faire appel au raisonnement plutôt qu'à son inconscient… Il faut toujours le rassurer pour qu'il reste relaxé et ne se sente pas en échec. En règle générale, les visualisations arrivent très vite. (Si les réponses peinent à parvenir, projetez-le dans un futur de réussite : « Tu y parviendras plus tard. »)

Une fois qu'il a fini sa description, dites-lui que vous allez chercher une histoire pour lui et sa partie-qui-sait-tout (même s'il ne la visualise pas, vous pouvez suggérer : « Même si tu ne la vois pas, elle est là et t'accompagne pour trouver les meilleures solutions pour toi »). Pendant ce temps il peut se balader en silence dans son monde magique et quand vous aurez trouvé le conte, vous lui raconterez.

# 3

# La méthode pour créer votre conte

Plusieurs phases sont à respecter pour créer votre conte, surtout au début. Lisez bien chaque point détaillé ci-après. Par la suite, lorsque vous en aurez acquis l'habitude et que vous vous ferez plus confiance, tout se fera plus naturellement sans avoir besoin de vous référer à cet exposé.

## Posez le cadre de votre histoire

Le cadre de votre histoire doit être clair. Il faut qu'il y ait dans votre conte :

- Un héros actif vivant une problématique similaire à celle de votre enfant.
- Des obstacles qui l'empêchent de vivre comme il le souhaite.

• Une résolution de problème lui permettant d'atteindre son but (le héros s'en sort, bien sûr. Votre histoire doit se terminer par un *happy end*).

Avant d'inventer votre histoire, identifiez bien le problème de votre enfant. De quoi se plaint-il ? Qu'avez-vous perçu qui le rend malheureux ? Cette problématique doit résonner en vous pendant que vous recherchez les éléments de votre récit. Gardez bien en tête également le but recherché (un mieux-être, un nouveau type de relation avec ses amis, un comportement différent, etc.).

Avant de trouver la solution, le héros rencontrera des épreuves, symbolisant toutes les difficultés que votre petit a eues jusqu'à maintenant pour aller bien.

De par sa forme, votre histoire sera similaire aux contes pour enfants que vous avez pu lire. Elle peut être courte ou plus longue.

Le récit se déroule hors du temps et de l'espace. Pas de lieu précis donc, plutôt un endroit « que peu de gens connaissent » ou « très loin d'ici ».

Idem pour l'époque qui est toujours floue : « Il y a très longtemps, dans un village près de la forêt… » Évidemment vous pouvez utiliser la formule : « Il était une fois un peuple (ou un enfant, etc.) qui… »

Le temps employé est principalement le passé simple, mais vous pouvez employer le présent si vous êtes plus à l'aise. N'hésitez pas à abuser des répétitions pour que l'enfant intègre bien les éléments du conte. Lorsque vous racontez votre histoire, et si un temps un peu plus long que la normale s'écoule entre deux phrases, ajoutez un mot de liaison (et, puis, et puis, et maintenant, etc.) pour que votre voix crée un fil conducteur sans rupture. Le mot de liaison en reliant à ce que vous aviez dit quelques secondes plus tôt, même s'il y a eu du silence entre-temps, apporte une fluidité à votre récit. Autre petite astuce : lorsqu'un mot (ou une solution) vous paraît important, placez un léger silence, une pause, avant et après ce mot que vous voulez mettre en valeur. Son inconscient saura repérer l'importance de ce passage.

## Accueillez son monde intérieur

### LA SOLUTION EST EN LUI

Le monde intérieur de votre enfant est riche des informations perçues depuis qu'il est arrivé sur terre. Des sensations ressenties dans le ventre de sa maman jusqu'aux messages inconscients transmis par toute sa famille en passant par tout ce qu'il a vécu jusqu'à maintenant, bonnes surprises, événements douloureux, peines et joies. Ses codes conscients et inconscients sont uniques.

Pendant que votre enfant se balade dans son monde magique, et tout en vous rappelant bien sa problématique et l'objectif visé, relâchez-vous et laissez votre imagination vagabonder pour accueillir les métaphores en lien avec ce qu'il vit dans la réalité sans parler vraiment de la réalité. Acceptez tous les éléments (pensées, images, symboles) qui vous passent par la tête. Sans rejeter quoi que ce soit et en vous laissant surprendre par ce qui émerge. Il peut y avoir des objets (par exemple une bague, un seau, une pelle, un château, une montre, un masque de plongée, etc.). Même si ces objets vous semblent sans queue ni tête, accueillez-les et retenez-les dans un coin de votre tête. Il se peut qu'il y ait des personnages qui « arrivent » : lutins, guerriers, footballeurs, etc. Ou des animaux. Accueillez tout ce qui vous vient à l'esprit sans porter de jugement.

### SON HÉROS

Il doit y avoir un héros bien entendu auquel l'enfant va s'identifier. Il peut être humain (si vous avez un garçon, choisissez un héros du même sexe, si c'est une fille, préférez un personnage féminin). Vous pouvez également imaginer un animal ou un objet (dans les contes proposés, il y a l'exemple de *Pax* le paquebot ou Smiley le chaton boiteux). Pour l'incarner encore plus, égrenez votre discours de détails qui rendent le personnage central plus concret (taille, vêtement, couleur, manie). Il est préférable de lui donner un nom. Soit un prénom banal, en évitant les références familiales, soit un nom qui vous inspire, sans savoir pourquoi. Le nom du héros peut être en lien avec son apparence ou un signe particulier qui le représente (Pipelette, Danseuse, Frousse, Coquin, Le Tout Rouge, etc.).

Afin d'amplifier le processus d'identification, il est important que le héros/l'héroïne se comporte de la même manière que votre enfant par rapport à la problématique abordée, qu'ils aient en commun aussi certains traits de personnalité. Insistez ainsi sur quelques petits travers subtilement en lien avec le caractère de votre enfant pour que ces points soient assez évidents pour son inconscient.

LES PERSONNAGES SECONDAIRES

D'autres personnages croisent la route du héros. Ils peuvent appartenir au monde animalier, humain ou surnaturel (un cheval, un frère, un ange, une fée, un dragon, un vieux sage, etc.). Chaque personnage a un rôle. Certains pointent le blocage actuel du problème de l'enfant (ils représentent ce qui empêche l'enfant de se sentir bien) et d'autres le guident vers le chemin de la solution. Il se peut toutefois qu'il n'y ait que deux ou trois personnages, y compris le héros.

Imaginons un récit qui mettrait en scène un berger dont le désir serait de parvenir jusqu'en haut de la montagne pour rapporter de l'air pur à tout le village, pensant que l'air pur du sommet donne force et confiance à tous ceux qui en ont besoin (cela ferait sens, par exemple, pour un enfant qui aurait beaucoup de culpabilité lors des disputes familiales). L'inconscient traduit le berger = l'enfant. Les villageois = la famille. L'histoire pourrait se dérouler ainsi : le berger souffre en montant en haut de la montagne car c'est haut et difficile. Puis son mouton préféré, compagnon fidèle et plein de sagesse (symbolisant sa partie-qui-sait-tout), le guide vers des chemins plus lents et plus doux.

Fatigué, il se pose donc et choisit de se laisser guider par son mouton qui connaît si bien la montagne et qui va l'aider à se remplir d'air pur. Il prend plaisir à se poser et n'essaie plus d'atteindre le sommet.

Il comprend que l'air ne peut pas se rapporter : il ne peut qu'être emmagasiné au fond de soi. À chacun d'y parvenir. Revenu au village, il sera si apaisé et serein néanmoins que son calme bénéficiera au village entier. Il indiquera alors simplement la route qu'il a empruntée pour que chaque villageois puisse aller chercher son bol d'air à son rythme.

## Assemblez les idées sans analyser

Une fois que vous avez assez de matières, faites comme si vous aviez une liste avec tous les éléments auxquels vous avez pensé, toutes les idées, symboles, personnages qui vous sont venus à l'esprit. Il est possible qu'une solution vous apparaisse immédiatement.

### JOUEZ AU CADAVRE EXQUIS

Si ce n'est pas le cas, demandez-vous : « Quelle histoire puis-je faire avec tous ces éléments ? », en pensant toujours à la problématique de votre enfant. Et laissez la magie inconsciente opérer, comme dans le jeu du cadavre exquis.

C'est un jeu inventé par les surréalistes. Il se joue à plusieurs. Chacun inscrit un mot ou une phrase sur un papier puis transmet le papier à son voisin en ayant pris soin de bien cacher (en pliant le papier juste sur la ligne concernée) ce qu'il a écrit. À son tour, la nouvelle personne écrit une phrase sans savoir ce qui a été marqué avant, replie le papier sur sa ligne, et ainsi de suite. On déroule ensuite toute la feuille pour obtenir un récit drôle ou enrichissant réalisé avec toutes ces phrases disparates.

Je jouais à ce jeu-là quand j'étais petite. Nous étions sept à table avec nos parents et nous adorions ce petit exercice. Ma mère avait transformé ce jeu en y posant un cadre précis. Chacun devant inventer : Un lieu de rencontre/Un personnage féminin/Un personnage masculin/Ce que la dame dit à l'homme/Ce que le monsieur répond/Comment l'histoire se termine. Je crois que c'est le jeu qui nous a le plus amusés dans notre enfance. Nous ne nous lassions pas de voir à quel point les mots formaient des récits d'une drôlerie surprenante.

Faites votre liste d'idées, puis assemblez-les, en restant bien dans l'intuition, dans l'imaginaire.

Ainsi, s'il s'agit de timidité et que vous avez pensé à un guerrier et à un cheval furieux. Ne vous dites pas « c'est idiot » ou « ce n'est pas vraisemblable ». Ces petites phrases rationnelles surgissent surtout au début quand on ne se fait pas assez confiance. Laissez votre inconscient vous aider à créer ce conte sans porter de jugement.

LAISSEZ-VOUS GUIDER

Par exemple, en pensant à la timidité d'un enfant et en ayant « pensé » à un cheval fou et à un guerrier, je me laisserais guider vers l'histoire de ce héros, que je nommerais Friz (donner un nom à votre personnage principal lui donne du corps. Vous pouvez aussi le décrire. Est-il brun ? grand ? courageux… ou pas ?). Dans le conte que j'invente, Friz est un vaillant soldat qui a peur de monter sur le cheval noir qui lui a été offert. Il a l'air si grand, si furieux, si imposant, Friz en a peur. Il s'approche, mais n'ose pas monter dessus et ose à peine tenir la bride ! (Vous pouvez ajouter des détails, les enfants adorent, ils sont encore plus plongés DANS l'histoire.) Friz n'y arrive pas et tout le monde se moque de lui. Et lui pense qu'il n'y arrivera sans doute jamais. Il se dit : « Je me demande si je vais y arriver. Comment trouver la force en moi ? » (La problématique est claire : il n'ose pas. L'inconscient reconnaît le souci de l'enfant.) Vous continuez ainsi l'histoire en insistant sur ses déboires (les obstacles qui l'empêchent d'écouter son courage) jusqu'à la solution de la fin : Friz parvient à monter le cheval noir, fier et assuré, ce qui aiguillera l'inconscient de votre enfant sur le chemin à suivre pour renforcer son estime de soi.

## Vous pensez que vous n'y arriverez pas ?

Ne baissez pas les bras. Faites plusieurs tentatives en prenant cette expérience comme un petit jeu intéressant, sans vous mettre la pression. Vous verrez que vous y arriverez.

### JOUEZ AU CRÉATIF

Même les plus grands créatifs ont besoin de réunir des idées, de brasser des pistes qui paraissent de prime abord incongrues et de tout ce bouillonnement intuitif surgit un concept surprenant, et original. Alors pourquoi pas vous ? Je me rappelle le témoignage de parents tout heureux d'avoir réussi sans effort à trouver le conte à solution pour leur enfant. Il y a deux ans, sur Europe 1, j'évoquais succinctement cette aptitude à inventer un conte en se laissant porter par son intuition, son imagination. Plusieurs mamans l'ont testée avec succès, étonnées de cette capacité qu'elles s'ignoraient. L'une d'elles, me laissant son témoignage sur mon adresse mail, m'avait expliqué que sa fille, pourtant suivie depuis plus d'un an et demi par un pédopsychiatre n'arrivait toujours pas à aller à l'école sans pleurer ou vomir. Elle s'était dit : « Pourquoi ne pas essayer un conte intuitif. Après tout je ne risque rien et peut-être que cela aidera ma fille. » On le voit, elle restait dubitative. Elle raconta un conte avec des poneys (que sa fille adore). Elle trouvait que l'histoire n'était pas extraordinaire et doutait encore de ses capacités à avoir trouvé le « bon » conte. Surprise complète le lendemain matin lorsque sa fille toute joyeuse lui demanda de se dépêcher pour partir à l'école ! Depuis ce matin-là, sa petite a continué à aller en classe sans problème.

### TROUVEZ L'INSPIRATION

Vous avez l'impression de n'obtenir aucun élément pour créer votre conte ? Je vous propose un jeu amusant et simple pour vous entraîner autrement à faire confiance à votre esprit inconscient.

Ouvrez un livre, n'importe lequel, et mettez votre doigt, au hasard, sur un mot. Puis sur un autre, jusqu'à ce que vous ayez assez de mots pour réaliser une histoire. Pour essayer d'être plus claire, j'en fais l'expérience tout en écrivant ce paragraphe. Je pense à une problématique éventuelle (par exemple : « Votre enfant est jaloux de sa petite sœur qui est née il y a quelques mois »), tout en ouvrant un livre au hasard.

Le premier qui me tombe sous la main est *Le Serment des limbes* de Jean-Christophe Grangé, un polar que je viens de terminer. Rien à voir avec notre sujet ! Un polar n'a rien à voir *a priori* avec le thème de la jalousie, ni avec ce qu'on appelle le développement personnel ou encore avec l'enfance. C'est justement la difficulté qui va aiguiser ma curiosité. Voyons ce que mon inconscient va choisir parmi les mots de cet ouvrage... Je ferme les yeux et j'ouvre une page au hasard puis, toujours les yeux fermés, je laisse mon index parcourir cette page pour s'arrêter sur un mot. J'ouvre les yeux et je découvre le mot, que je note sur un papier. En répétant cet exercice dix fois, voici les mots qui ont émergé en deux minutes : Prison/texte/yeux/chrétien/vertige/Sans-lumières (des personnages du texte)/arrêté/renseignements généraux/vie/message/froid.

C'EST UN CHOIX ARBITRAIRE
ÉVIDEMMENT

Je lis les mots et, comme pour le cadavre exquis, je laisse les idées s'assembler pour former un récit. Mon imaginaire va me permettre de transformer ces idées en un conte thérapeutique. Il y a peut-être des mots que je n'utiliserai pas (ici les mots chrétien et renseignements généraux). Les mots compliqués pour un enfant sont aussi à proscrire. Votre histoire doit être racontée avec des mots simples. Que faire avec les mots que j'ai récoltés dans le livre pris au hasard ? Je rapproche consciemment les éléments : prison, yeux, lumière, froid, vertige, vie... Ces mots immédiatement me parlent comme des éléments métaphoriques qui se rapportent à la naissance.

Alors, je construis la trame de mon histoire : une princesse (une fille bien sûr puisque le sujet central du problème est une petite sœur dont l'enfant est jaloux) à qui un sorcier a jeté un mauvais sort et qui se retrouve enfermée en prison de longs mois, à peu près neuf mois. Elle a froid, ses yeux ne voient pas car il y fait sombre. Elle a le vertige. C'est comme si le temps s'était arrêté pendant ces neuf mois, même si dehors tout continuait sans elle. Enfin, voici le jour de la sortie. Pour elle, c'est comme le début de la vie. Elle a froid, mais voit enfin la lumière qui la réchauffe. Elle se dit que ce serait bien d'avoir quelqu'un pour l'accueillir à sa sortie de prison. Et justement il y a là ses parents, et son frère. Elle est tellement heureuse de les voir tous ! Elle les remercie d'être là pour l'accueillir et la protéger. Elle se promet que dans quelque temps, lorsqu'elle aura bien récupéré, elle pourra aussi leur donner en retour des marques d'amour et de réconfort.

Par expérience, j'ai remarqué que l'enfant prend l'histoire au premier degré, sans poser de questions. Il ne fait presque jamais le rapprochement entre son problème et celui du héros. Plus la peine de reparler du conte donc, vous pouvez laisser l'inconscient faire son œuvre…

## Inventez une fin positive mais pas magique

Votre récit doit répondre aux lois de la logique et garder une certaine évolution (un problème à résoudre, des empêchements, une solution). Tentez de trouver une solution qui soit mise en œuvre par le héros plutôt qu'une solution trop magique (du style « et hop le magicien prit la baguette magique et l'enfant n'eut jamais plus de problème »). Cette solution-miracle, bien pratique il est vrai car elle évite de se creuser la tête, manque de mystère (une énigme monopoliserait bien plus l'attention et l'inconscient de votre enfant). De plus, elle empêche de faire appel aux ressources profondes (l'inconscient aura du mal à trouver une baguette magique dans la vie de tous les jours !). L'histoire doit être une sorte de conte initiatique pour l'enfant : ce qui arrive par pure magie n'est pas intéressant sur le plan de l'évolution personnelle… Le héros, gêné au départ, voire bloqué dans une situation inextricable, doit pouvoir traverser avec victoire des phases difficiles et trouver au final la résolution du problème par lui-même. C'est ainsi que votre enfant sortira de votre conte grandi et plus éveillé.

De toute évidence, le conte doit se terminer par une fin positive, et ouvrir une nouvelle voie. Même si vous ne parvenez pas à trouver une fin qui vous parle, restez large dans le champ des possibles, comme : « Et le prince comprit comment faire pour aller de mieux en mieux. Il savait qu'il avait en lui toutes les capacités pour trouver des solutions pour chaque événement qui surgirait dans sa vie. » Il s'agit de guider l'inconscient de l'enfant vers un changement positif de comportement, il saura trouver par lui-même la solution la plus adaptée.

Réveillez toutes vos capacités, même celles que vous n'osez pas imaginer. Faites-vous confiance, faites confiance à votre capacité intuitive. C'est une méthode de psychologie positive que je vous propose afin de transformer votre vision de vous, de votre enfant, de la vie. Une façon d'être aussi que vous transmettez à votre enfant pour qu'il garde cette aptitude à communiquer avec sa partie-qui-sait-tout, à percevoir ce qui est bon pour lui, et à discerner parfois les choses de façon plus instinctive qu'analytique.

## Notes

# POUR POURSUIVRE

Les contes que vous avez créés grâce à cet ouvrage ont permis à votre enfant de prendre confiance, d'être plus à l'aise ou de transformer un comportement qui le gênait ? Alors faites-en part à l'auteure en indiquant les symptômes de votre petit et en racontant l'histoire que vous avez inventée. Vos contes enrichiront l'imaginaire des autres parents lorsqu'ils les liront sur le site internet ou dans un ouvrage ultérieur.

Pour contacter l'auteure et obtenir des informations sur les séminaires d'hypnose et de création de contes :

http ://www.hypnoresonance.com

## REMERCIEMENTS

Un grand merci à Christophe Guias pour l'enthousiasme dont il fait preuve à chacun de mes projets et à Gaëlle Fontaine pour son attentif soutien tout au long de l'élaboration de ce livre.

TABLE

PREMIÈRE PARTIE

## Retrouver en soi « la partie-qui-sait-tout »

DEUXIÈME PARTIE

## 10 problèmes, 10 contes, 10 solutions

TROISIÈME PARTIE

**À vous de jouer !**
**Créez des contes en toutes situations**

*Composition et mise en pages :*

FACOMPO, LISIEUX.

Achevé d'imprimer en septembre 2010 par Corlet Imprimeur - 14110 Condé-sur-Noireau
Dépôt légal : septembre 2010 - N° d'Imprimeur : 131706 - *Imprimé en France*